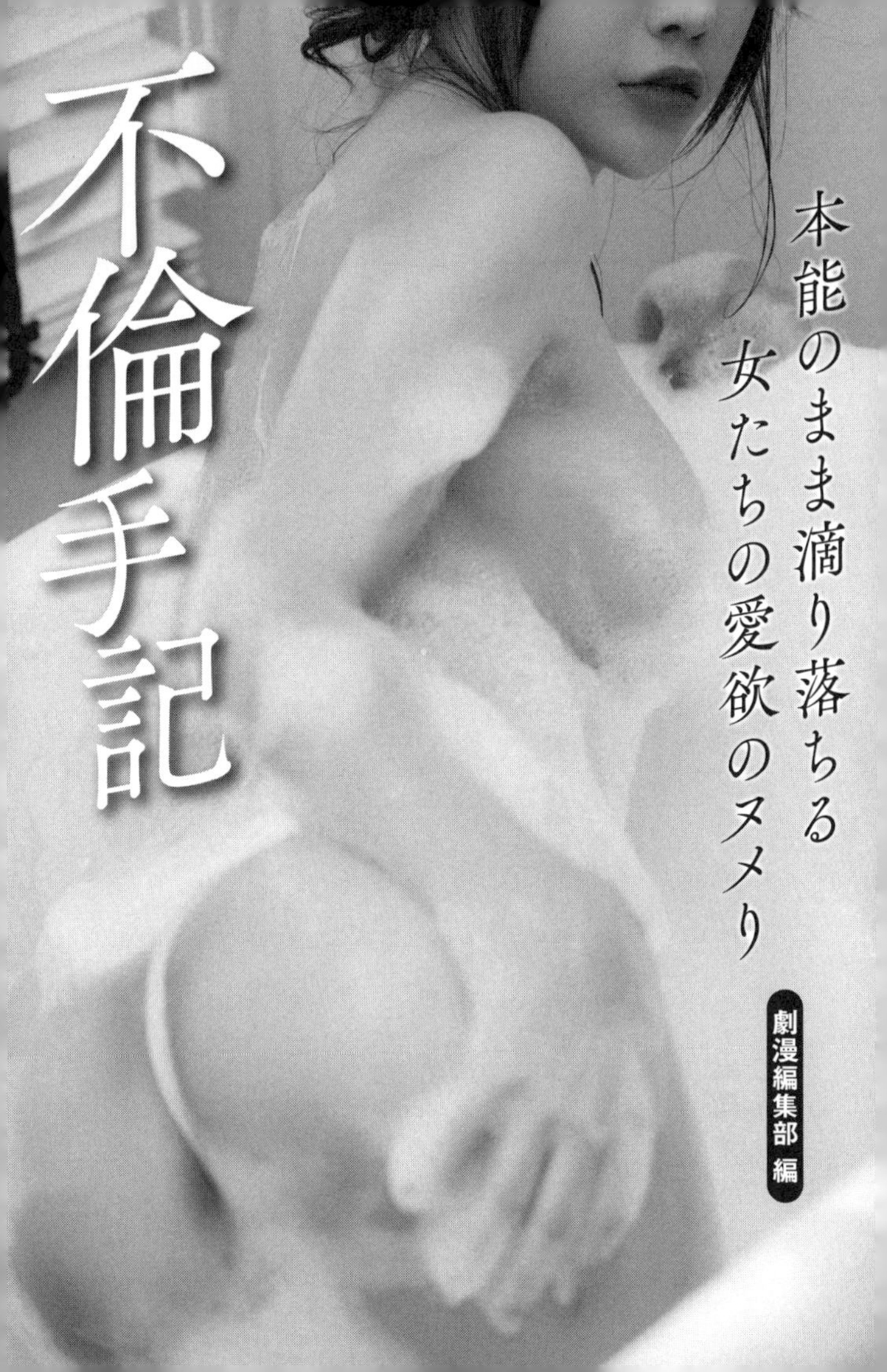

不倫手記

本能のまま滴り落ちる
女たちの愛欲のヌメリ

劇漫編集部 編

第一章 処変われば、行為も一層激しく……

第二章 それぞれの世界で、大きく『股』開く

第三章

至高の悦楽は、歪んだ性嗜好と共に

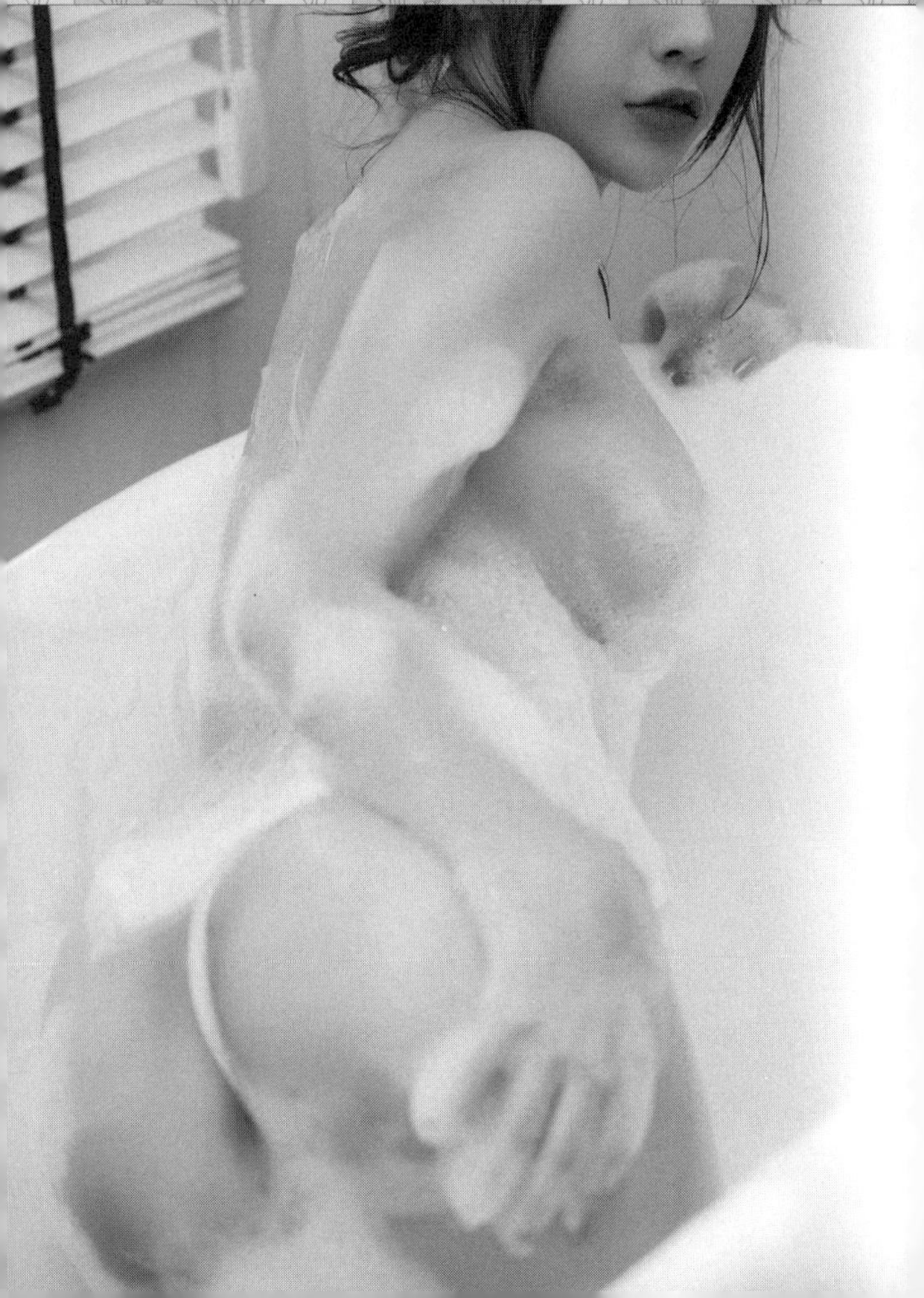

第一章

処変われば、行為も一層激しく……

●濡れた運行指示書　大型バス運転手と乗客の乗合セックスに濡れた一夜

淫乱バスガイドがご案内！不倫スワッピング温泉旅行

【告白者】佐々木美樹（仮名）／26歳（投稿当時）／バスガイド

私は某交通会社でバスガイドをしています。

年齢は26歳。既婚。そう、何を隠そう私は人妻バスガイドなんです。

毎日高卒の若い女の子にまじってお仕事するのって結構大変。カラオケも流行りに乗り遅れないように若いバンドの曲を一生懸命覚えたりして。

結婚を機に寿退社してゆく同僚が多いなか、なぜ私がこの年齢になってもやめないのかと言うと、それは会社に不倫相手がいるから。

ご察しの通り、私の不倫相手はバスの運転手。名前はタカシと言います。

この業界、バスガイドと運転手がくっついちゃうのって自然のなりゆきみたい。

一緒にいる時間が長いし、遠くまで出かける旅行だとどうしても泊まりになりますから。月の半分以上は（仕事で）一緒にいるから、くっつくのも当然です。

先日、ある商店街の一泊二日町内旅行がありました。

参加したのは、五組のご家族合計二十名の団体客様。皆さん、久しぶりの旅行ということではしゃいでいました。

特に毎年商店街会長の座を奪い合っているライバル同士という田中家と、小林家の張り切りようは傍から見てもおかしいぐらい。バスに乗り込む順番から、カラオケの順番まで何から何まで張り合って微笑ましかったのですが……。

途中、パーキングエリアでトイレ休憩をしているときに、私は彼らの秘密を知ってしまいました。田中家の奥様と小林家のご亭主が、バスの陰で小声で話しているのを聞いてしまったのです。

「もうこんな関係やめたほうがいいかも。夫にバレたらただじゃすまないわ」

「妻とはきっと離婚する。だから俺と一緒になってくれないか」

(この二人、不倫しているんだわ)

正直、ちょっと驚きました。町内のすぐ目と鼻の先にあるお家同士で不倫しているなんて。しかも表面上、両家は仲が悪いはずというのに。

その後、観光名所をいくつか巡り、フリータイムになりました。

フリータイムはたっぷり二時間とってあります。近頃ではコト消費がブームということで、今回のスケジュールも体験企画が多く組み込まれています。だから、お客様がしばらく戻ってくる心配はありません。ツアーには添乗員さんもついているので、フリータイム中はバスの乗客を任せてゆっくりと休憩できます。皆さんを見送ると、私はバスのカーテンを全部締め切って、不倫相手の運転手と二人きり居残った車内で抱き合いました。

「積極的だな。それにいつもより感じやすいみたいだね」

タカシの股間に手を伸ばしました。オチ〇ポはもうギンギンです。私は自分の制服をはだけて、彼の手をオマ〇コに誘導しました。

タカシもすっかり興奮して、ズボンを下ろすと肉棒を挿入してきました。

「あんっ、すごいっ！　オチ〇ポ硬いっ」

「そんな大きな声出したら聞こえちゃうぞ」

タカシは私の口を手で塞ぎ、背後から激しくピストン攻撃を繰り出してきました。パンパンと大きな音を立てながら腰を打ち付けられて、私は強烈な快感に頭が真っ白になってしまいました。

「んん……ん、んんー」

声を押し殺しても、私の膣はキュゥッと締まってオチ〇ポを締め上げます。タカシはシートに座ると、今度は座位を要求してきました。私は彼の股間にゆっくりと腰を落としながらオチ〇ポを挿入していきます。

「あん、すごい……奥まで入ってくる」

子宮の入り口に届くまで深く突き刺さり、そのまま前後に動かしました。

「あんっ、激しく突いてぇ……あん、あん！」

タカシは私の胸を鷲掴みにしながら下から激しく突き上げてきます。車内には肉のぶつかり合う卑猥な音と私たちの喘ぎ声が響き渡ります。子宮口に当たるたびに電流のような快感が走り、私は夢中になって腰をグラインドしました。

「はぁ……はぁ……イクッ！」

私は大きくお尻を前後にスライドしながら、アクメを迎えてしまいました。それと同時に蜜壺が激しく痙攣し、大量の潮を吹き出します。

「あんっ、あぁんっ！」

オマ〇コから勢いよく噴出した潮がタカシの顔面に直撃しました。そして次の瞬間、私の膣内で彼の肉棒もぶわっと膨れあがると一気に弾けたのです。

「う、ううっ！」

オチ○ポを引き抜くと、ドロリと白濁液が滴りました。お互いの体液が混じり合い、まるでシロップのように粘り付いています。

「はぁ……はぁ」

制服は汗と愛液でびしょ濡れになっていて、下着が透けて見えそうです。お尻の下までグシャグシャ……私はぐったりして、後部座席に倒れ込みました

「すごかったわ。タカシ、こんなに体力を使って、運転は大丈夫なの？」

「心配ないよ。昨夜はしっかりとスタミナを温存しておいたからな」

彼はそう言うと、ズボンを上げて、乱れた制服を直しました。

そのときです。田中さんの奥様と小林さんのご亭主が連れ立ってバスの方にやってくるのが見えました。

慌てて身を離すと、田中さんの奥様が意味深にニヤニヤしながら言いました。

「ふふふ……やっぱり、あなた方そういう関係だったのね。バスガイドさん、さっきもパーキングエリアで私たちのことを覗き見していたでしょう。いいわ、このことは内緒にしておいてあげるから。その代わり……」

二人は意味深な笑みを浮かべました。

「集合時間まで、どうせあと三十分ほどあるんでしょう。ちょっと、バスのトイレをお借りしますよ」

そう言うと、二人で車内後方にあるトイレに入って情事を始めてしまったのです。これには私とタカシも顔を見合わせて、苦笑するしかありませんでした。

その夜、宿泊先の旅館では夕食後に大宴会が催されました。

商店街の仲間内という気安さからか、宴会は大いに盛り上がりました。旅の疲れも手伝ったのでしょう。皆さん、お酒が回ってはしゃぎっ放しです。

私はタカシと一番隅っこの席に座っていました。彼は顔を真っ赤にして、すっかりできあがっています。しばらくすると、彼はテーブルの下で私の浴衣をはだけ、太腿に手を伸ばしてきました。きっと、昼間に不倫カップルのセックス現場を見て悶々としていたのに違いありません。

(さっき一発抜いているくせに。まったく絶倫ね、タカシってば)

呆れ返る私を尻目に、彼は浴衣の裾を捲り上げると肉壷に指を忍ばせてきました。

仕事の疲れもあって、その日はそこまでのはずでしたが……。

深夜、ドアをノックされる音で目が覚めました。

私はてっきり、タカシが夜這いにきたのだと思いました。

しかし、ドアを開けると……そこに立っていたのは果たして田中さんの奥様と小林さんのご亭主でした。

「せっかくの夜なんだから、四人で楽しみませんか？」

田中さんの奥様はとんでもないことを言い出しました。

「いいんですか、そんな……お部屋に旦那さんがいらっしゃるでしょう？」

「旦那はぐっすり寝ているから大丈夫。気にしないでいいのよ」

奥様はそう言って笑いました。聞けば、小林さんのご主人とは一年前から付き合っていて、共通の趣味であるスワッピングを楽しんでいるのだそうです。

そんな話をされたら俄然、股間が疼きます。旅の恥はなんとやら。もう私は居ても立ってもいられず、タカシがいる隣部屋に内線をしてしまったんです。

酔い潰れていた運転手を叩き起こして戻ると、二人はもう交わっていました。田中さんの奥様は浴衣をすっかりはだけて、小林さんにおっぱいを揉まれています。

あられもない姿を目の当たりにして、タカシも目がシャキッと覚めたようでした。

「お盛んですね〜。二次会をお楽しみの最中ですか、ひひひひ」

タカシの股間はすでにパンパン。浴衣がこんもりと盛り上がっています。

「あなた、ハンドルを握ると安全運転なのに、下半身は暴走するタチなのね」

田中さんの奥様がタカシの肉棒を撫で回します。

「バスガイドさんもボーッとしてないで、参加なさったら？」

奥様が私に声を掛けました。恥ずかしかったのですが、もうこうなったら従うしかありません。私は思い切って浴衣を脱ぎ捨てました。

「ほぉ、見事なおっぱいだ。この乳を吸っていたなんて運転手さんも役得ですな」

小林さんが感嘆の声を上げました。タカシはと言えば、田中さんの奥様にフェラをされている真っ最中で、うっとりとした表情を浮かべていました。

「おいおい、もうしゃぶっているのか。まったくチ○ポに目がない女だな。それじゃ、私たちも負けずにおっぱじめるとしますか」

小林さんは酒臭い息を吐きながら近付き、私を布団に押し倒しました。そして脚を開かせ、股座に顔を突っ込んできたんです。ふーっ、ふーっと熱い鼻息がクリトリスに当たって、不覚にも感じてしまいました。陰核が硬くなるのが分かります。

ぴちゃ、ぴちゃ、じゅるじゅるじゅる、ちゅぱっ！

舌遣いがすごい……小林さんったら、クンニがすごくお上手なんです。

「あ、あん……あああん」

思わず喘ぎ声が漏れました。小林さんは、その口を塞ぐようにねっとりとディープキスをしてきます。唾液と混ざり合った愛液も口移しで流し込まれました。そして、首筋からおっぱいに舌が這い、乳首も舐め回してきます。それを見た田中さんは嫉妬したのか、さらに吸茎のストロークを速めました。

「くぅ……すごい、喉の奥で締め付けてくる！」

タカシは悶絶しながら、田中さんの胸を揉みしだいています。

「運転手に妬いているのか。だったら、こちらも……」

田中さんの指先が肉壷を割ってめり込んできました。同時に勃起したクリを親指でコリコリとこねくり回してきます。茂みはすでにびっしょりです。

「ひゃうっ、いやん、感じちゃう」

小林さんは私を背後から抱き締め、片手で激しく指マンしながら、もう片方の手で乳房を揉みしだきました。腰がガクガクと震えました。

「ずいぶん気持ちよさそうじゃないか。俺の指マンよりも感じるのか」

「そんな……タカシったら」

「うふふふ。バスガイドさんも可愛い顔して好き者ねぇ。ほら、あなたも目の前のオチ○チン、しゃぶってあげなさいよ」

「おお、頼むよ。マイクを握るのはお得意だろ？」

小林さんは私の髪を掴むと、そそり勃つ肉棒を強引に口へ突っ込みました。あぐっ、はふ、んぐっ……喉にオチ○ポが詰まって息もできません。

私が苦しそうにしていると、それを見た小林さんはますます興奮したらしく、問答無用でさらに奥まで極太マラを捩じ込んできました。

「んむ、んんんんーっ」

「いいぞ、ちゃんと舌を動かすんだ。さすがに喉の使い方が上手だな。ほら、いつも運転手さんにやっているように、気合いを入れて舐めてくれよ」

気が付くと、私は夢中になってオチ○ポを咥えていました。その様子をタカシたちが食い入るように見つめています。

「人がフェラチオしているのを見ると、すごく興奮するわ。私にも舐めさせて」

田中さんの奥様も小林さんの股間に顔を埋めました。

「この人はここを舐められるのが好きなのよ」

彼女は妖しい笑みを浮かべると、小林さんの肉棒からぶら下がった玉袋にべろりと舌を這わせました。陰嚢の皺を伸ばすように、レロレロと丁寧に舐め上げます。そのたびに睾丸が転がって、ぐぐっとせり上がってきます。

「三人で楽しんじゃって、もうズルいなあ」

タカシがにじり寄ってきて、四つん這いで玉舐めに没頭している田中さんの奥様にクンニを始めました。

「あっ、あふっ、ひゃあああ」

彼女は玉袋から口を離し、のけ反ってよがり声をあげました。唾液がツーッと糸を引きます。タカシはなおも肉穴にドリルのように舌を捩じ込んで追い立てます。

「だ、だめぇ、そんなことされたらとろけちゃう〜」

「わはは、こうして会ったのも何かの縁だし、皆で舐め合いっこしませんか」

小林さんがにやけながら提案してきました。私は戸惑いましたが、しゃぶったまま強引に布団に転がされると、有無を言わさず脚を開かされました。そこへ小林さんが顔を突っ込んできて、淫汁が滴る肉裂をベロベロと舌でなぞってきます。

「うぐ、ぐううう」

喘ぎたくても、オチ○ポを突っ込まれていては声を漏らすこともできません。小林さんの肉棒は私の口内を前後左右に掻き回します。それを目にした田中さんの奥様も負けるものかとさらに激しく肉竿に舌を這わせてきました。

私のオマ○コを小林さんが舐め、小林さんのオチ○ポを私と田中さんの奥様が舐め、そして彼女の膣穴にはタカシが吸い付いて……。

「ほらほら、運転手さんのオチ○チンがお留守になっているじゃない。バスガイドがしっかりサポートしてあげなくちゃ」

田中さんの奥様はそう言うと、私の手を取ってタカシのイチモツを握らせました。私も思わず男根をしごきました。ほとんど条件反射です。鈴口からヌルヌルの我慢汁が溢れ出してきて、指先にねっとりと潤滑油のように絡み付いています。

「バスガイドさん、こっちはいいから彼のをしゃぶってやりなよ」

小林さんは私の口唇を引き剥がすと、強引にタカシの肉棒に連結させました。変態雛菊連鎖……デイジーチェーンの出来上がりです。

くちゅ、くちゅ、ベロベロ……はあはあ、あはああん……いやらしい音が部屋中に響きわたり、四人とも大盛り上がりです。

「さあ、今度はさっきと逆回りだぞ」

小林さんの音頭で、全員回れ右をして攻守交代しました。私が小林さんのチ○ポを舐め、タカシが私の肉弁を舌でこねくり回し、彼のオチ○ポには四つん這いになった田中さんの奥様がしゃぶりつきます。ストロークのたびに腰がくねって、小林さんは目の前で蠢く蜜壷に食らいつくのに必死です。

カウパーと愛液が混じり合った淫臭が室内に充満し、息が詰まりそうでした。背徳の宴会芸が最高潮に達した頃、タカシがマン汁臭い息を吐き散らして
「ふう、もう挿れたくなってきちゃったな」

「うひひ、そろそろハメ頃ですね。それじゃ、ぼちぼちやるとしますか。バスガイドさんはお先にいただきますよ」

小林さんは私にのしかかると、正常位で一気に貫いてきました。

「ああっ、いやぁ」

もう初老の域に差し掛かっている小林さんですが、肉棒は年齢を感じさせないほど

硬く、ビクンビクン脈打っていました。その逞しいペニスが肉襞を串刺しに蹂躙して、膣の奥へ奥へと侵入してきます。

「おお、眼福だなあ。では、こちらも遠慮なく」

タカシが田中さんの奥様と結合しました。彼女を四つん這いにして、激しい抽挿をガンガン繰り出しています。タカシが他の女性とハメているのを見ると、軽い嫉妬が沸き上がってきて、ますます欲情に火が点いてしまいます。

「あはぁん、小林さん、もっと奥まで突いて……めちゃめちゃにしてぇ」

私は陰唇を左右から剥き広げ、腰をグイグイと迫り上げて自ら積極的にオチ○ポを奥まで迎え入れました。子宮口まで亀頭が当たっているのがはっきりと分かります。

「すごぉ〜い、乳首がビンビンじゃない……あはぁん、いやらし〜」

田中さんの奥様が私のおっぱいに手を伸ばしてきました。彼女のラーゲはいつの間にか座位にチェンジしています。お尻をいやらしくくねらせながら、器用な手つきで乳首をこりこりと愛撫したかと思うと、今度はおもむろに乳首をペロリと舐め上げてくるのですからたまりません。

「ひゃうぅっ」

思わず、変な声が出てしまいました。

その後はもはや、くんずほぐれつの肉弾戦でした。

「んはっ、凄いわね、バスガイドさん。あなた、若いだけあってさすがにすごいスタミナね。私なんて、オバサンだから疲れてきちゃった」

田中さんの奥様はもう息も絶え絶えです。

「なんだ、だらしないぞ。仕方がないヤツだな」

小林さんが彼女のふやけた肉穴から引っこ抜いた男根を私の肉穴に突っ込みました。間髪入れず、タカシが口唇にペニスを捩じ入れてイラマチオで責め立ててきます。

私だってもう体力は限界ギリギリでした。オマ○コは厚ぼったく腫れ上がり、ジンジンと痺れて熱を帯びています。もう何度イカされたか分かりません。

「ああああああっ、もう俺もイキそうだ。最後は皆で盛大にイキましょうよ。ほら、奥さんもご一緒に！」

タカシは、ぐったりしていた田中さんの奥様を抱え上げると正常位で無理やりドッキングしました。奥様は肉棒を挿入された途端、息を吹き返したようにビクンとのけ反って、あんあんと、か細い喘ぎ声を漏らしました。

「ようし、こっちもイクぞ。宴もクライマックスだ」

タカシと小林さんは、肩を並べて隣同士で腰を振り乱っています。私と田中さんの奥様の喘ぎ声がハモって、深夜の旅館にこだまします。

「ああ～んっ、いいっ、オチ〇チン気持ちいい～っ」

「ああっ、ああっ～んっ、ずぶずぶ入ってるぅ～」

「いいっ……いいわ、ああんっ、あんあん！」

田中さんの奥様がタカシにしがみついてイッてしまいました。それとほぼ同時に、私もオーガズムに達してしまったのです。


翌日、私は添乗員さんからの内線コールで目を覚ましました。

『まだお部屋にいたんですか。もうとっくに集合時間ですよ』

慌てて着替えてバスに向かうと、すでにお客様は全員お揃いでした。

「ご、ごめんなさーい、では、出発しましょうか」

ハンドマイクを握り締め、努めて明るい声を出す私。

「発車、オーライっ！」

●友人に懇願され参加した祭りのシメは酒池肉林の宴！

のどかな田舎祭りのメインディッシュは乱交三本締め

【告白者】観音寺太一（仮名）／30歳（投稿当時）／会社員

同期入社の友人から連絡があったのがそもそもの始まりでした。私は学校を卒業後に入社した会社を数年で辞めて、今は転職先の会社で働いています。友人は最初に入社した会社の同期でした。友人とは最初の会社に入社後に初めて知り合いましたがウマが合い、私が転職した後でもちょくちょく会って酒を飲みに行くような関係でした。

ある日、その友人から突然電話があり、駅の階段で脚を滑らせて骨折し入院しているといいます。完治するまで約三ヶ月かかるとのこと。彼が入院した病院は私の自宅からそんなに遠くなかったので、会社の休みのときにお見舞いに行きました。

「やあ！　よく来てくれたなあ。情けない話だけど、考えごとしながら歩いててさ。うっかり階段を踏み外したんだよ」

左脚が固定された状態でしたが、病気で入院したわけではないので元気そうな感じではありました。それはともかく、いつも通りの世間話をした後で、彼が話したいことがあるといってきたのです。

「実は、困ったことになってさあ。来週田舎に帰省する予定だったんだけど、帰れなくなったんだ」

帰省する時期を延ばせばいいと私は思ったのですが、「問題は来週末のお祭りなんだよ。参加できないじゃないか」と彼は言います。

「お祭り？　参加できないとそんなに困るのか？　骨折してるから仕方ないだろ」

彼は余程困っている様に見えたのですが、そもそもお祭りがそんなに重要なことなのでしょうか。私が疑問に思っていると彼が続けます。

「村の鎮守様のお祭りで境内に出店が出て賑わう、まあどこにでもあるお祭りなんだけど、祭りの終わりにあるちょっとした会合が問題なんだよ」

彼が言うには、祭りの締めくくりに開催される宴会みたいな会合に参加するのが、成人以上の住民の決まりになっているのだとか。そして、なんと自分の代わりに私に参加してくれと頼んできたのです。

「頼む！　お前しか頼める知り合いはいないんだ。祭りは一日だけだから翌日には帰って来れるし、俺の実家に連絡して泊めてもらえるようにしておくから」

しかし、私は代役を立ててまで祭りに参加する意味がわかりません。

「単なるお祭りなんだろ。代役を立ててまで参加しなきゃいけないもんなのか？」

「昔からそういう決まりになってるんだよ。もちろん交通費は払う。バイト代を払ってもいい。とにかく頼むよ！」

友人が言うには、やって欲しいことはふたつだけ。神輿担ぎと最後の宴会に参加して欲しいとのことでした。山の中で何もないので、ヒマなら境内の掃除とか出店の手伝いとかしてもいいといいます。

単なる祭りにどうして、という気持ちはあったものの、いろいろ考えた結果参加することにしました。友人が困っているというのがいちばんの理由でしたが、ちょっと楽しそうな感じもしたからです。

友人は、最寄りの駅まで行けばあとは地域の青年団が出迎えてくれるといいます。青年団といっても過疎化が進んでいるので、自分たちのようなアラサーがいちばん若いとも教えてくれました。

そして当日、私はちょっとした旅行気分で自宅近くの駅から列車に乗りました。そして最寄り駅に到着したのが午前十時頃でした。

相当な山の中です。小さな駅舎を出ると青年団らしき方々が、ワゴン車で迎えに来てくれていました。

「観音寺さんですか？　話は聞いてます」

彼らのうちのひとりが私に声をかけてきました。駅で降りたのは私ひとりでしたから、間違えようがありません。そして私は友人の実家に連れて行ってもらいました。

駅から車に乗ること約一時間。駅も相当な山の中にあると思いましたが、そこからさらに山奥です。途中の道すがら、個人商店らしき雑貨屋が一軒あっただけで、そのほかには何もありません。

山の中を走った後、少し開けた場所になりました。友人の実家で降ろされた私は農家の離れのような部屋に案内されました。友人の両親に挨拶した後、その離れでお祭りが始まるのを待ちます。

祭りは午後四時から開始され、午後六時に神輿を担いで周辺を練り歩くそうです。

私は、友人の両親に手間をとらせてはいけないと思っていましたから、早朝買った弁当を持参していたのですが、それを食べたあと眠くなり、ついつい眠ってしまいました。

その後、私は遠くから祭囃子の音が聞こえてきて目を覚ましました。時計を見ると午後四時です。特に何もすることがない私は、祭囃子に誘われるまま、神社の境内に向かいます。友人の両親から簡単な道順を教えてもらっていましたが、周りになにもないので神社はすぐに見つかりました。

境内に大きなやぐらが組まれていて、参道には出店が並んでいます。二十人ほどの参加者が境内の中を歩いていました。私と同年代の人達もいるにはいますが、大多数はお年寄りです。駅からワゴン車で送ってくれた青年団の人達を見つけた私は、彼らを手伝うことにしました。

私はその作業を手伝った後で、境内を散策したり出店のイカ焼きを食べたり、神輿を担いだりと、問題なく終わりました。というか、今回私を仰天させた出来事は祭のシメに行われた宴会にありましたから、その話に入ろうと思います。

神社の建物の中で行われた宴会には、総勢三十人ほどが参加していました。御輿担ぎを終えてテンション高めの青年団をはじめ、地域の人たちです。

年配の方が多いせいか、そこまで盛り上がるわけではなく、淡々と宴会は続き二時間後にはお開きに。最初に祭りの成功を祝って乾杯の音頭はありましたが、終わりの合図は何もなく、各自がばらばらと帰途に着くという感じでした。

地域の人達どうしは顔見知りということで祭りへの出欠が確認されたわけではありません。しかしどこにでもあるようなお祭りに、代役を立ててまで参加する必要があるのだろうかと改めて思っていました。

「さあ、皆さん。奥の座敷に布団を敷いてますから好きなときにどうぞ」

食事の支度をしてくれた世話係のような女性が、まだ残っていた人達に言います。

「それじゃあ、もう寝ようか！」

青年団のひとりがそういうと、宴会場を出ていきました。時間はまだ夜の九時です。いくら田舎といえ、寝るにははや過ぎると思った私は、怪訝そうな表情をしていたのでしょう。青年団の別の人に肩を叩かれました。

「お酒も入っているし、夜道は暗い。今日はここで泊まっていったらいいですよ。祭りの後は、皆こうして雑魚寝するんです」

友人の実家でまた泊まるのは気をつかうと思った私は、普段寝不足気味ということもあったので勧めに従い座敷に向かいました。

そこは二十畳ほどの大広間で、正確にいうと雑魚寝ではなくきちんと布団が敷かれていました。すでに五、六人が布団の中に入っているようで、部屋の照明はとても暗くなっていました。どこの布団に入ってもいいといわれていたので、私は入口付近の布団にもぐり込みました。

お酒も入っていたため、私はすぐに眠気に襲われます。それからどのくらい経った頃でしょうか、何やら奇妙な音で目を覚ましました。時計を見ると、三時間ほどが経過しています。私は布団から出て奇妙な音の正体を確かめます。すると、すぐそばの布団の上で、男女四人が全裸でもつれあっていたのです。奇妙な声の正体は、男女四人の押し殺したアエギ声でした。ひとりの女性が四つん這いになり、その背後から男性がバックでハメていました。さらに四つん這いの女性の口の中にチ○ポを押し込んでいる男性がいて、その男性の乳首をまた別の女性が舐めています。4Pの乱交です。40代、50代と思しき男女でした

夢を見ているのだと思ったのも束の間、彼らの激しい息遣いも聞こえてきました。私はあっけにとられていたのですが、そのとき、駅からワゴン車を運転してくれた男性が私の隣にいることに気が付いたのです。

「観音寺さん、あんたこの地域の者じゃないんだが、代わりに祭りに参加したってことで、これもぜひ参加してくださいな。あそこの布団にそこそこ若い女達が待機して

ますので、私と一緒に行きましょう」

私は彼が指さした布団の方に連れて行かれました。

「女達は布団に入っているだけで、眠っておりませんから、こうしてもぐり込めば相手してくれますよ」

彼はそういうと、布団の中にもぐり込んでいきました。

「変わった風習と思われるかもしれませんけど、この日は特別なんです。こうして普段の不満を解消してるんですな」

彼は布団の中でモゾモゾした後、顔を出して私にそういいました。そして私は、意を決して布団の中にもぐり込みます。中にいた女性は眠っておらず全裸でした。

「さっき宴会のときにいた方ですか？」

「そんなのどうでもいいでしょ」女性はそう答えて、身体を密着させてきます。このとき私は、友人の実家で借りた浴衣姿でしたが、彼女はそれをすばやく脱がしてしまいました。そして私の身体に脚を絡めてきて、同時にチ○ポを手でシゴき始めます。

「あなた、この村に昨日来た人でしょう？　村以外の人ってほんと久しぶりだわ」

彼女はそんなことをいいながら、私の仮性包茎チ○ポの皮をむくと、亀頭に優しくキスした後咥え込みました。私のチ○ポはすぐにボッキを始めます。

「反応がいいわね。すごくヤリがいあるわ。旦那とは最近ご無沙汰だし、もう歳だからこんなすぐにボッキしないもの」

彼女が人妻だとわかりましたが、部屋の照明自体がすごく暗いのと、布団の中にもぐっているため女性の顔はわかりません。しかし、声のトーンや雰囲気からアラフォーのような気がします。そして、布団の中ではチ○ポをしゃぶりにくいと思ったのか、次の瞬間、掛け布団を取ってしまいます。

私の視界に、さっきの青年団の男性でしょう、正常位で女性をハメている光景が目に入ってきます。しかし、そんなことはお構いなしといった具合で、彼女はたくさんのツバを垂らしてチ○ポをおしゃぶりしています。

また、いちどチ○ポを口から出して、裏筋や横筋を舌で舐めてきます。私はその都度、チ○ポがゾクゾクする感覚に襲われました。そして彼女はキ○タマも舐めてきました。タマの皮を何度も口に含まれると気持ち良くなってきました。

さらに、彼女の舌はキ○タマから少し移動して脚の付け根を舐めてきました。これも最初はくすぐったかったのですが、次第にゾワゾワしてきて、チ○ポがビクビクと反応してしまいます。その後はまたキ○タマへの刺激。そしてまたその後は脚の付け根という具合で愛撫が続いたのです。しかしチ○ポへの刺激がなかなか再開しません。焦らされているような感覚があり、私は彼女に翻弄されていました。

そしてやっとおしゃぶり再開。最初のときよりも激しい勢いのフェラです。キ○タマにザーメンがどんどん送り込まれていくような感覚があり、凄まじく気持ちがいいです。直後、彼女が私の上半身のほうに顔を移動してキスをしてきました。軽いキスではなくてディープキスです。私の口内に舌を差し入れて、舌を激しく絡めてきます。私は自分の我慢汁が混じっているであろう彼女の唾液を貪るように味わいました。

「ねえ、今度はあなたがマ○コ舐めて！」

恥ずかしげもなく彼女はそういうと、私の横に寝転がり両脚を広げました。そして私は彼女の股間に顔を埋めます。マ○コはヌルヌル。チ○ポをしゃぶることで激しく感じていたようです。フェロモン満点という感じの生々しい臭いが漂っています。それを嗅いだとき、私はチ○ポがまたビクビクと反応するのを感じていました。

「最初はクリから舐めて……」

私はいわれるまま、クリに舌を伸ばし舌先で何度も往復したり、クリ本体を突いたりしました。さらに、クリの周りを回転するように舌で舐めまくります。実のところ、そんなことをするのは初めてのことでした。今となってみれば、マ○コの生々しい香りに誘発されたものとしか思えません。

しばらくクリを舐めていると、閉じていたマ○コの亀裂がゆっくりと広がってきました。マン汁が糸を引いていて、とてもヒワイな眺めです。直後、興奮した私は指を挿入していました。「くぅ～ん！」瞬間、彼女の口から気持ちいいような声が出ます。クンニを期待していたのに、突然指を入れられて驚くヒマもないほど感じたのだろうか。私は彼女の様子を勝手に解釈して嬉しくなり、膣内で指をかき回しました。内部もマン汁でグチョグチョでしたから、クチュクチュといやらしい音が響きます。

そして指を抜いたとき、指先にマン汁の塊のようなモノが付着していました。膣の内部に沈殿していた固形のマン汁でしょう。そしてこれもまた生々しい香りを放っています。私はそれを嗅いだ瞬間、またしてもチ○ポがビクビクする感覚を味わいます。直後、マ○コに顔を近づけ舌で激しく刺激しました。次に表面をひととおり舐めた後で、膣内に舌を突き刺しました。

「ああ～ん！　それ！　舐められたトコがムズムズする！」

彼女は腰を浮かせて感じています。私はその姿を見てさらに興奮して舌をもっと奥へと差し込みました。マン汁はますます多くなり、私の口の周りがマン汁でドロドロ。

「すごいわ！　感じすぎておかしくなっちゃう！　ねえ！　恥ずかしいけどお願いしていい？　お尻の穴も舐めてぇ！」

その声はとても大きくて、大広間で絡んでいた連中全員に聞こえたのではないかと思いました。それはともかく、私にとってもとても嬉しいリクエストでした。というのも最初はエロビデオに触発されたと思うのですが、アナルを責められて困っているような、また感じているような表情をしながら喘ぐ女性の姿にたまらなく興奮したからです。

プライベートでも女性のアナルをいじったり舐めたりしてみたいと思っていましたが、なかなかその機会がありませんでした。付き合っていた彼女にお願いして拒否されたこともあり、私の中で女性のアナルを愛撫したいという妄想は肥大化する一方でした。それがどうでしょう、今は女性の方から愛撫してくれと懇願しています。

私はすぐに彼女のアナルに舌を這わせました。彼女のアナルはこじんまりとしていて存在感があまりなく私好みの形状をしていました。エロビデオでたまにシワの一部分がビロビロになっているアナルを見ることがありますが、あれは興ざめします。というわけで、私は激しい興奮を隠せないまま、シワに沿って舌を這わせます。アナルの中心部から外側へ舌を這わせたら、次は外側から中心部へといった具合です。

「あああああっ！　上手！　またマ○コが濡れてきちゃう！」

彼女のヒワイな声がまたしても大広間に響きます。

そのうち肛門が少し広がってきました。私はすかさず舌をねじ込みました。「ひゃあ！」彼女が甲高い声を出したかと思うと、頭を布団の上に突っ伏してしまいました。余程感じている様子です。

その姿を見てさらに興奮した私は、舌をもっと奥まで突き入れます。そして舌先を回転しました。舌を肛門の奥まで突き入れたため、鼻先が自然とシワに触れました。鼻腔に何ともいえない濃厚な香りが漂ってきます。マ○コの香り以上に、フェロモン密度が高い印象がありました。それでも私は舌の動きを止めません。それどころか、最初よりも高速の回転で直腸内を刺激しました。

「うう！　何これ！　お尻の穴がおかしくなるぅ！」

彼女はさらに感じています。続いて私は、舌を尖らせて開き気味な肛門に突き刺しては抜き、突き刺しては抜くという動きを何度も繰り返しました。このとき、私は気が付いたのですが、彼女の大きなアエギ声に誘われて、ほかの男女が周辺に集まってきていました。近距離でまじまじと見ている者、私達を凝視しながら交わり合う者など様々です。部外者の私が、注目される人物にでもなった気分で舌先をピストンしました。

「ねえ、お尻の穴、広がってる？」「広がってるし、私の唾液でヌルヌルですごくやらしいですよ」

そんなやり取りがあった後、彼女はアナルへのチ○ポ挿入をおねだりしてきました。

「お尻に入れてぇ！　マ○コみたいに妊娠の心配がないから、毎年私はお尻って決めてるの。ねえお願い！」

私はこれまでいちども女性のアナルにチ○ポを挿入したことはありませんでしたが、ここまで懇願されると断るわけにいきません。アナルへの舌攻撃を中断した私は、バックで挿入しようとします。

「マ○コのお汁をチ○ポに塗ってね。いきなりだとちょっと苦しいかもしれないから」

私は彼女に言われた通り、マ○コの表面にチ○ポを何度か擦り付けてマン汁でドロドロ状態にします。そしてアナルの入口に亀頭を当てがいました。しかし一気にいったらいいのか、それともじわじわと挿入していくのがいいのか加減がわからず、しばらく躊躇します。

「お尻の穴、すごく広がってる感じだから大丈夫。マ○コと同じように突き入れて！」

彼女の言葉に励まされた私は、チ○ポの根元を自分の手で押さえて挿入する方向に力を入れました。ニュルッという感じで亀頭が肛門の中に入り込みます。その瞬間カリの部分が強く締め付けられる感覚がありました。

「ああ！　もっと奥まで入れてぇ」

そして私は肛門の締め付けに反するように、一気に根元までチ○ポを突き入れました。亀頭のキツさは解放された一方、今度は根元付近が強く締め付けられます。それと同時に、亀頭に何やら当たっています。直腸の曲がっている部分が当たっているのだと思いましたが、その当たったり当たらなかったりする刺激がとても心地いいです。

「ああん！　お尻すごく気持ちいい！」

彼女は一層大きな声を出して感じていました。そしてそのうち、自分の指でマ○コを弄り始めます。

「疼いてもうダメ！　マ○コ舐めて欲しいわ」

誰におねだりするわけでもなく、彼女が叫びました。しかしアナルにチ〇ポを挿入している私にはムリな要求です。それならばと、私はマ〇コに指を延ばして弄ろうとしました。

「舌がいいの！　舐めてぇ！」

彼女はどうしてもクンニをして欲しいようで、私の指の愛撫では満足していませんでした。するとそのとき、青年団の例の男性が彼女の身体の下に入り込み、クンニを開始したのです。私は彼女のアナルにバックで挿入していますから、下を見るとその男性の頭が視界に入ります。そのとき私は、くしくも3Pを経験したと気付いて興奮し、チ〇ポがさらに大きくなった気がしました。

「お尻の穴もマ〇コもどっちも気持ちいい！　もっとオチ〇ポ欲しぃ！」

その直後、また別の男性が彼女の口の中にチ〇ポを押し込みました。彼女はすぐにおしゃぶりを始めます。夢中になってチ〇ポをしゃぶっていて、ジュパジュパとヒワイな音が響いていました。ふと私はヘンなことに気が付きました。それは、彼女のマ〇コを舐めている男性のチ〇ポは放置されているということです。

ところが、私達の周辺に集まって来ていた人達の中で、ひとりの女性が近寄ってきてそのチ〇ポを手コキし始めます。結果、総勢五人もの男女が交わり合っているというわけです。さらにその後も、手コキしている女性の背後に男性が近づきマ〇コを愛撫し始めるという有様でした。

男女が次々とつながっていく光景はとても興味深いものでしたが、そんなことよりも私は、射精が近いことを感じていました。彼女のお尻の穴はさっきよりも大きく広がっている一方で収縮力がハンパなく、相変わらず根元が締め付けられていることと、亀頭部分に当たっている直腸内部の粘膜がウネウネと動いている刺激で、射精を我慢出来そうにない状態です。

そして私は、これまで以上に激しくピストンを繰り返しました。

「ぎゃあ！　お尻気持ちいい！」

時折チ〇ポから口を離して彼女が叫びます。その声が私をさらに興奮させて、直腸内に射精していいものかどうか確認する余裕がないまま、ザーメンを発射していました。ドクドクとザーメンが注ぎ込まれるのを感じた彼女は、瞬間悲鳴のようなアエギ声をあげた後、下半身を左右にブルブルと動かしました。お尻の穴にザーメンを注がれて絶頂してしまった様子でした。

射精の後、私はゆっくりとチ〇ポを抜きます。すると、肛門は想像以上にぽっかりと広がっていて、奥には濃厚なザーメンが大量に沈殿しています。その直後、肛門が突然締まり、ヒワイな音とともにザーメンが吹き出しました。

私はまだチ〇ポがムズムズしている感覚がありましたので、吹き出したザーメンをチ〇ポに擦り付けて再びアナルに突き入れます。そして数回のピストンの後で、チ〇ポに残っていたザーメンを出し切りました。このときの快感は凄まじかったです。

私が射精した後も、彼女は乱交を続けていてずっと感じています。チ〇ポを抜き取った私は、晴れて彼らの仲間に入ったような気持ちになり、彼女をクンニしていた男性のチ〇ポを手コキしている女性の口元にチ〇ポを持って行き、お掃除フェラを要求。その彼女はすぐさまおしゃぶりを開始します。

お掃除フェラの後、疲れを感じた私は近くの布団に横になり、そのまま眠ってしまいます。ウトウトしている中で、彼らが交わる声や音が聞こえてきました。

過疎化が進んでいる地域とのことですが、祭りの後の乱交をウリに村おこしすればいいのにと、実現不可能なことを思いながら完全に眠ってしまいました。それはともかく、友人にはとても良い土産話が出来そうです。

●寝取らせ趣味の不倫相手に命じられて視姦されながらの露出セックス！

覗かれるのが好き…他人を巻き込む迷惑変態カップル

【告白者】安藤美紀子（仮名）／33歳（投稿当時）／保険セールス

私は33歳の人妻です。

旦那は、一年前に会社を辞めてからは定職にも就かずにフリーター暮らし。旦那の稼ぎだけで食べていけず、私が保険セールスのパートで家計を支えています。

でも、私には秘密があります。実は、上司である保険会社の営業マンともう半年以上も不倫関係を続けているんです。

不倫相手は旦那と違い仕事ができて、ルックスも抜群。どちらからともなく惹かれあい、自然に男女の関係になりました。

付き合うようになって知ったんですが、彼ってちょっとサディスティック。いわゆる「露出マニア」というやつで、私の裸を他人の見世物にするのが好きなんです。

彼に連れられ、旦那の実家のある隣町をドライブしたこともありました。もちろん、ただのドライブではなく、露出ドライブです。

路上にパンティ一枚で放り出される私。

「この辺りにはお義母さんの知り合いも大勢住んでいるのよ。誰かに見られたらどうするの？　こんな痴態を見られたら、言い訳できないじゃない。身の破滅よ」

晒し者となった惨めな身の上を嘆いても、さらに追い込まれます。

「それがいいんじゃないか。母にお前の口から報告してやれよ」

「ほ、報告って……？」

「お義母さま、あなたの息子さんの嫁はこんな立派なマゾに躾けられました、となどと適当にあしらわれ、プライドなど欠片もなくズタズタに引き裂かれても、ますます他人に裸を覗かれることに欲情が募ってしまう私。

「もう、意地悪ね」

絶望感に泣きたい気持ちになりながらも、やはり心の底ではどこか期待してしまっている自分のマゾ本性に気付いて下半身が疼いてしまうんです。

先日、彼と念願の温泉巡りに行ってきました。一泊二日の不倫旅行です。旅の開放感から大胆になっていた私は、旅館に着くなり彼と混浴露天風呂に直行しました。

そこには先客がいました。会社の慰安旅行なのか、中年の男性二人組です。他には誰もおらず、ほぼ貸し切り状態でした。

旦那以外の男性に裸を晒すというシチュエーションに緊張しつつ、彼に要求されるまま脱衣場から全てを晒して歩き出しました。

「ほら、もっと堂々と歩きなさい。おっぱいも陰毛も全部見せなきゃ」

彼に怒られながらも、震える足で一歩ずつ前へ。男性たちにじろじろ見られる中、温泉に浸かりました。

男性陣は皆、顔を上気させてニヤニヤしています。中には隆起した股間をタオルで隠すこともせず、あからさまに見せつけてくる下劣な人もいました。

私はそんな彼らの前で、乳房のみならずオマ○コまで晒すように命じられました。言われるままに両手を当てて大事な部分を広げていきます。すると奥からゆっくりと汁が溢れ出してきます。

「カップルで混浴とは羨ましい。こんなお美しい女性と混浴できるとは」

勃起チ○ポ露出男がその一部始終を凝視し、粘り付くような視線を送ってきました。

「どうぞ、遠慮なく裸を拝んでやってください。こいつは他人に視られるのが三度の飯よりも大好きな露出狂ですから。ほら、お前ももっとよく見えるように股を開いて」

見世物にされるだけでも恥ずかしくてたまらないのに、彼は私に向かって露出命令を下してきました。

私は言われるがまま、肉ビラを指で広げて見せつけました。

「おお、こりゃいい眺めだな」

恥ずかしさで顔から火が出るような気持ちでした。

「もっと広げて」

そう言われて、私はさらにぐっと力を込めます。すると中からごぽっと音を立てて新しい汁が溢れ出しました。

居合わせた男たちの笑い声が露天風呂に響き渡りました。

いつの間にか彼らは全員、かぶりつきで秘唇を食い入るように見つめています。女芯はふやけきって、もうぐしょ濡れ。あまりの恥ずかしさに頭が真っ白になりました。

「やんっ、だめぇ……そんなに見ないでください」

「なんだ……お前、チ○ポが欲しくなってきたようだな。大勢の男根に囲まれていたらのぼせるのも無理ないか」

「そんな、ここじゃ嫌だわ」

「気分を変えてこんな場所でハメるのもいいじゃないか。旅の恥は掻き捨てだ」

（また、いつもの彼の悪い癖だわ）

惨めな気分がこみ上げてきました。そう、彼は露出マニアであるだけでなく、私を他人とセックスさせて興奮する「寝取らせ趣味」の持ち主なのです。

「どなたかこいつのマ○コをしゃきっとさせてやってくれませんか。どうも湯あたりを起こしたようでしてね」

不倫相手は下卑た口調で言い放ちました。こうなったらもう、彼の言う事には逆らえません。

「ほう、そいつはいけませんな。私にまかせてください。温泉の効用でチ○ポの血行が絶好調なんですよ」

そう言ってしゃしゃり出てきたのは、恰幅のいい中年男でした。

「どれどれ、よく視てあげるから自分の指で拡げて見せて」

私は素直に従って手をオマ○コに添えました。そして思い切り左右に拡げました。くぱぁと開いた肉穴からたくさんの恥汁が溢れ泡立っています。

四十男は私を岩場に手を突かせると、立ちバックのポーズを命じました。私は観念して、腰を振っておねだりしました。

「お願いします！　早く入れて下さい！」

その声に応えるように男の人がズブっと一気に奥まで入れてきました。

「んあぁっ！」

いきなりの強い刺激に目の前がチカチカしました。

男は容赦なく腰を振ってきます。パンパンという音が周囲に響き渡り、すごい勢いで突かれているのがわかりました。

「課長だけズルいなあ。俺たちもお手伝いさせていただきますよ」

先ほどの勃起チ○ポ露出男が近付いてきて、胸を鷲掴みにして揉みしだきました。

「もっと弄んでやってください。こいつも悦びますから」

私の不倫相手がそれをけしかけます。

「あっ、ああん、だめっ！」

あまりの衝撃に意識を失いそうでした。しかし、すぐにまた次の衝撃がやってきて現実に引き戻されてしまいます。

「ほら、ちゃんと舐めるんだよ」

今度は男性のペニスを咥えさせられました。硬直した肉棒を口に含んで上下に動かすと、口の中に苦い味が広がります。

喉奥まで捩じ込まれ、苦しくて咳き込みながらも必死になってしゃぶっていました。

「もっと奥まで入るでしょ、ほら」

一気に喉奥まで極太を押し込まれてしまいました。息苦しさに涙が出てしまいますが、同時に背後からも激しくピストンされて快感の波が押し寄せてきます。

「んぐっ、あぁ、いくっ、いっちゃいます！」

ついに他人の肉棒で絶頂を迎えると、大量の潮を吹き出してしまいました。

「すげぇな、こりゃまるで間欠泉だ！」

「ありがたい、こいつはいい土産話ができたな」

四十路男と勃起チ○ポ露出男が同時に嬉しそうに叫びました。

部屋に戻ると、早速彼がねちねちと責め立ててきました。

「さっきはずいぶん他人チ○ポで感じまくっていたじゃないか。俺のイチモツより気持ちよかったのか」

「い、いえ、そんなことありません……」

「ふん、どうだかな。下の口にも聞いてやろうか」

そう言って、彼は肉壷に指を捩じ込んできました。股間はまたズブ濡れです。せっかく温泉で綺麗にしたばかりだというのに。私はもう恥ずかしさでいっぱいでした。

彼は指を引っこ抜くと、ヌラヌラと艶光りを放つ愛液を見せつけました。

「口先ではごまかしても、オマ○コには気持ちよかったとちゃんと書いてあるぞ」

「……そんな……」

「嘘つきのオマ○コにはお仕置きをしてやらないとな。ほら、しゃぶれよ」

彼は黒光りのするイチモツを私の眼前に突きつけました。肉棒は嫉妬に猛り狂って、ギンギンにそそり勃っています。咥えると、口の中に青臭い匂いが広がります。でも、この匂いを嗅ぐと子宮が疼いてしまうのです。

「どうだ、美味しいだろう?」

「はい……」

私は夢中でしゃぶりました。そのときです。廊下から女性の声が聞こえました。

「失礼いたします。お夜食をお運びしてもよろしいでしょうか」

そこへやってきたのは、旅館の仲居さんでした。彼はわざとこの時間に部屋へ来るように仲居さんに伝えてあったに違いありません。

障子を開けた仲居さんは、乱れた部屋の様子に少し目を丸くしました。とは言え、温泉旅館ではこうした場面に遭遇するのも珍しくないのでしょう。男の裸は見慣れている様子で、平静を装っていました。

仲居さんは年の頃では四十路半ばといったところ。仕事柄なのか、どことなく妖艶な色香を放っています。

「あら。お客様、すみません。お楽しみのところ、お邪魔してしまったようで」

「お部屋を散らかしてしまって悪いね。私たちのことはお構いなく、どうぞお仕事をしてくださいよ」

「はぁ、では準備をさせていただきます」

仲居さんは夜食を運び込むと、いそいそと卓上に並べ始めました。その間も、彼は私を弄ぶ手を休めることはありません。

「せっかく夜食を用意したというのに、こいつが小腹を空かせているようだから特製ウインナーを食わせてやったんですよ、ははは……」

「ああ、嫌ぁ」

仲居さんに見せ付けるように、M字開脚の恥ずかしい格好で指姦され、乳房を荒々しく揉まれました。彼女は、時折横目でこちらをちらちらと窺っています。

「どうです、仲居さんもこいつのオマ〇コをもてなしてやってください」

「いえ、私は……他のお部屋の準備がございますから」

「どうせ朝までそれほど忙しくないんでしょう。少しぐらいいいじゃありませんか。仲居さんもこういうの、結構いけるクチなんでしょう？」

「お客様、人が悪いですわね。こんなおばさんをからかったら嫌ですよ」

そう言いながら、仲居さんは顔を真っ赤にしています。

「ははは、心付けは弾みますから。なあ、お前？」

彼は私に肉棒を咥えさせながら聞きました。

「はふ……は、はひ……」

私は息も絶え絶えに、そう頷くしかありませんでした。

「わかりましたわ。お客様、どのようなおもてなしをすれば……」

仲居さんは上気した顔で、帯を解いて着物を脱ぎました。見事な脱ぎっぷりです。

色白の体はほどよく肉がつき、温泉地特有のスベスベした玉のような美肌です。

目の前で繰り広げられる白黒ショーに欲情したのか、彼女がゴクリと生唾を飲む音が聞こえました。薄桃色の乳首は充血し、ツンと硬く尖っています。割れ目を広げると、赤黒く濡れそぼった蜜穴が牝の匂いを部屋中に放ち、とても扇情的でした。

「あなたも欲しくなってきたんでしょう？　こいつを手伝ってやってくださいよ」

「は、はい……かしこまりました」

仲居さんは私の隣に並び、正座しました。そして、彼のイチモツにおずおずと舌を伸ばします。亀頭を舐め回している私の邪魔にならないように、彼女はサオの部分をチロチロと舐め始めました。とろんとした目でオチ〇ポをしゃぶる姿は、仲居さんというよりもピンクコンパニオンのようです。

「ふふふ、遠慮せず、好きにしゃぶってくださいよ。ほら、お前も精を出すんだ」

彼に促され、私と仲居さんは同時に舌を伸ばして肉棒をぺろり、と舐め上げました。上目遣いに彼を見つめながら、亀頭全体を包み込むように口に含むと、そのままゆっくりと顔を前後に動かして、唇をすぼめて口全体をオマ〇コにして男根を扱きます。

「やはり好き者ですね、仲居さん。ひと目見て好色な女だと思った」

「ああ、そんな……お褒めいただいて光栄です」

「仲居さんがもっと気持ち良く接客ができるようにしてあげなさい」

命じられるまま、私は仲居さんのオマ〇コを二本指で弄りました。そこは生温かく、まるで温泉まんじゅうのようにふっくらしていました。

「あ、あああ、あはん……お客様、私もサービスさせていただきますわ」

仲居さんは自分の乳房を揉みながら、もう片方の手を私の下半身へ伸ばしました。

私の股間もすでにぐしょ濡れです。彼女はぬめりつく肉襞を掌全体で包み込むと、指先でクイクイと押してきました。彼の肉竿をしゃぶっている私の口唇から、思わずアンアンとはしたない声が漏れてしまいます。

私の反応に欲情した仲居さんは、さらに私の恥部を弄り回します。割れ目に沿って指を這わせながらクリトリスを撫で回してきたり、ズブズブと膣穴の奥深くまで掻き回してきたりするものですからたまりません。私は彼のオチ〇ポをしゃぶったまま、腰を震わせてしまいました。

「くくっ、女に辱められる気分はどうだ、なかなかいいものだろう？」

彼はそう言うと、再び私の頭を股間に押し付けるようにしてきました。

「ぐぅ……んん……」

喉の奥まで彼の長尺が届き、息苦しくてたまりません。しかし、それさえも気持ちよく感じてしまうのです。

「そろそろ、こちらもお相伴に預からせてもらうとしますか」

彼は私を四つん這いにすると、そのまま背後に回り込みました。そして、上半身を抱きかかえるようにして、おっぱいを鷲掴みにしてきました。

「やあんっ」

「はぁ～ん、お客様ぁ……私もぉ」

仲居さんも我慢ができなくなったらしく、私の方に寄ってきました。そして彼の手を取ると、自らの割れ目へと導いたのです。そこはすでに洪水のように濡れていて、ヒクヒクと痙攣しています。白濁した愛液がむっちりした太腿を伝わって滴り落ち、畳にいやらしい汁溜まりを作っていました。

彼は仲居さんにも四つん這いになるように命じて、こう言い放ちました。

「ふふふ、絶景だな。二人ともオマ○コはいい湯加減じゃないか、さて、どちらを先にいただこうかな」

「私に入って」

「ずるいわ、私から先に……」

先に選ばれたのは、仲居さんの方でした。

彼は仲居さんの股間へと顔を近づけていきます。そして舌を突き出したかと思うと、割れ目に沿って下から上へ舐め上げました。

「ひゃあんっ！」

悲鳴を上げる仲居さんの表情は牝そのものでした。彼はそのまま顔を埋め、割れ目の中へ舌を差し込んでいきました。同時に、片方の手でクリトリスを刺激し始めます。

「もっとぉ……もっと！」

彼はさらに激しく吸い上げていきます。ジュルルルッと卑猥な音が部屋中に響きわたりました。その音を聞くたびに、私の恥肉もキュンと疼いてしまいます。

「き、気持ちいい、早く……入れてください」

仲居さんが絶頂寸前と察した彼は、後ろから一気に挿入しました。そして、湯もみでもするかのように、肉掻き棒で膣道を勢いよく抉り上げます。

「ああんっ！　すごいわ、お客様のおチ○ポ、硬くて大きいですっ」

彼女が嗚咽のような喘ぎ声を張り上げました。恥骨を打ち付けるたび、オマ〇コ汁が飛沫となってびちゃびちゃと跳ね上がりました。脂がたっぷりと乗った白磁の肌は、今はもうほんのりとピンク色に上気しています。やがて、仲居さんはプルンッとのけ反ったかと思うと、盛大に潮を吹きながら絶頂を迎えました。

「さて、次はお前だ」

彼はそう言うと、私を仰向けに寝かせて正常位で挿入しました。彼の逞しいカリ首が私の敏感なスポットをゴリゴリと刺激してきます。その動きに合わせて私もリズミカルに腰を振り乱し、快感に酔い痴れていました。

すると、彼が耳元で囁きました、

「仲居さんに手厚くおもてなしをしてもらったお礼をしないとな。お前も仲居さんをもっと気持ちよくしてあげなさい」

そう言って、彼は私に仲居さんのオマ〇コを舐めるように命じたのです。

「はい、わかりまし……うぷっ！」

彼はぐったりしている仲居さんをひき立て、無理やり私の頭上を跨らせて顔面騎乗をさせました。ぬめぬめした肉花弁を押し付けられて、シーフードのような恥垢臭が匂ってきます。同時に、しょっぱい塩味が口に広がりました。彼女が腰をくねらせるたびに、むにゅっと変形した陰唇が鼻腔を塞いで窒息しそうでした。

「ちゃんと舐めて差し上げないと失礼だぞ」

彼に叱咤され、私は懸命に舌を動かしました。彼女の割れ目からはとろとろとした蜜が溢れ出してきて、それを舌ですくってごくりと飲み干しました。

「ああっ、そこ、もっと舐めて……んん。気持ちいい」

グラインドに合わせて、小振りながらも形のいいおっぱいが激しく揺れ動きます。その姿を見た彼はますます興奮してきたようです。私にピストンを繰り出しながら、仲居さんの乳首にベロベロと吸い付きました。

「はあっ……はあっ、そろそろイカせてもらうぞ」

そう言うと、彼はラストスパートをかけました。彼のピストンが一段と動きを速め、腰使いがより一層激しくなりました。私の脚をぐいっと持ち上げると、さらに奥までガンガンと突き上げ、胸も揉みくちゃにしてきます。子宮口に亀頭がぶつかるたびに目の前が真っ白になって、今にも意識を失ってしまいそうでした。

「ああ、きてぇ！　熱いザーメン、いっぱい出して」

「私ももうだめ……またイッちゃいそう」

私にクンニされていた仲居さんも悩ましい声で訴えました。

「イクぞ」「ああ、私もイクぅ」「ああ、あああああぁぁっ！」

彼が精液を放出するのと同時に、私と仲居さんも絶頂を迎えました。ビクンビクンと痙攣しながら、三人で絶頂の悦びを分かち合ったのです。彼が男根を引き抜くと、栓を失った私の割れ目から彼の精子が溢れ出してくるのがわかりました。

翌朝、昨日の仲居さんが玄関先まで送ってくれました。

「昨夜はどうもありがとう。いい旅の思い出になりましたよ」

「とても素敵なおもてなしでしたわ」

「こちらこそ。よろしければまたお越しくださいね」

私たちは女将さんと仲居さん一同に見送られ、温泉旅館を後にしました。

上司との不倫関係はあれからも変わらず続いています。温泉旅館でのあの一件以来、他人に視られながらセックスするのがますます好きになりました。

「お前、なんだか最近ひと皮むけたよな」

彼にそう言われるたび、秘唇が疼いてたまらない私です。

●未婚と偽り参加した婚活パーティで四十路美女とラブホデート

お散歩コンに翻弄されるアラフィフ男の悲しき下半身

【告白者】延岡三郎（仮名）／52歳（投稿当時）／会社員

私は、大学を卒業後、就職した会社に勤めて約三十年になるサラリーマンです。妻と大学生の娘とのごく平凡な三人暮らしです。妻と娘はとても仲が良く、それはそれでいいのですが、私だけ疎外感があることも事実です。たとえば、妻と娘が泊りがけで温泉に突然出掛けて行ったりしても、私だけは自宅で待っているか仕事です。そもそも最初から誘ってきません。

ただ、それは些細なことかもしれません。娘が小学生のころから妻は夜の営みを断るようになりました。気が付くとスキンシップすらまったくなくなり、セックスレスが当たり前のような状態です。

ただし、家庭生活には概ね満足していましたから、セックスに関することはずっと放置してきたわけです。そんなとき先の同僚から衝撃的なことを聞きました。実は同僚は人妻とデートを重ねているとのこと。今のところ身体の関係はなく、喫茶店で話をしたり、カラオケに行ったりしていていい友達という話でした。地域が主催する中高年向けのパーティで知り合ったそうです。

さらに同僚がいうには、この手の催し物は各地でおこなわれていて、参加者はほとんどが50代から70代の男女らしく、一応は未婚者限定となっているものの、夫婦生活に不満を持つ既婚者が多数参加しているらしいです。

その話を聞いてから、私もそんなパーティに参加したいと思い始めます。できれば趣味が同じ女性と休日にデートして、そして何となくいい雰囲気になって……。私の妄想は肥大していきました。結果、身体の関係は求めていないから浮気じゃないと自分に言い聞かせ、マッチング系のパーティをネットで探し始めたのです。

そこで見つけたのが、「歩いてお話　ウオーキング婚活」でした。指定された場所に各自が集合し、近くの美術館まで歩いて散歩したあと現地解散するという内容です。若いときから賑やかなものは苦手で、落ち着いたものが好きだった私にとって、散歩した先の美術館で美術品の鑑賞という流れはとても興味を惹かれます。

私はドキドキした気持ちでネット登録して参加をエントリーしました。日時は一週間後の日曜日。妻と娘は私の休日の行動など気にとめていませんから、すんなりと出かけられるはずです。

当日、案の定、妻と娘は午前中から少し遠くのデパートに出掛けており留守です。私は、それなりにオシャレに見えるスーツ姿で現地に向かいました。

実際に行ってみると、現地には参加者のほかに案内係の人がひとりいるだけです。また参加者は男女合わせて十人ほどでした。案内係は点呼をとって出欠を確認したあと、目的地が書かれた地図を配ります。早速全員で歩いて移動となるわけですが、案内係はいるものの、マッチングに関して配慮するわけではなく参加者の自由になっていて、とてもアバウトな感じでした。

「もしよろしければ、私といっしょに目的地まで歩いてくれませんか？」

最初が肝心と思った私は、近くにいた少しハデ目な女性に声をかけました。40歳くらいで参加者のなかではいちばん若いほうです。彼女は快く応じてくれて、お散歩が始まりました。女性と並んで歩いてみて、あらためて思ったのですが、たとえばテーブルを挟んで向かい側にいる相手と対面で話をするよりは、横にいる相手と話をするほうがはるかに楽な気持ちです。

話に詰まったとしても、風景や周辺のお店の話題にしてもいいと思って歩きました。

目的地までの時間は約三十分と、それなりの距離がありましたが、結局話題に困ることなく到着することができました。といいますのも、相手の女性が話好きで、こちらが聞き役に徹していれば良かったからでした。彼女は、女ばかりの職場なのでほとんど出会いがなく、またいちど結婚に失敗していて今はシングルマザーなので、交際には慎重になっているとのことでした。私は、自分が既婚者なのを隠していましたから後ろめたさを感じつつも静かに話を聞いておりました。

やがて美術館に到着して中に入り、ひととおり鑑賞しました。ちなみに私達以外の参加者は男女四、五人のグループになっていてペアになっているのは私達だけでした。美術館での鑑賞を終えたあとはそれぞれ好きなときに解散ですから、案内係の人はもういません。なんとアバウトな婚活だろうかと思う一方、私は本当のデートみたいな雰囲気にかなり気持ちが高揚していました。

「お時間よろしければ、このあとまだお話しませんか？」思い切って誘った私でしたが、彼女はとても快くＯＫしてくれました。

「もちろんです。じつは、この先にゆっくりとお話できるところがあるんです。そこにいっしょにどうでしょう？」

彼女は、私の誘いを待ってましたと言わんばかりの感じでした。私に断る理由はありません。私達は、美術館から出て、彼女が言う場所に向かいます。十分ほど歩いたでしょうか。飲み屋やコンビニなど複数のお店が並ぶエリアに出ました。

「ずっと歩きっぱなしで疲れちゃいましたね。そのへんのお店に入りませんか？」

彼女がそう言ったかと思うと、私の手を突然握ったのです。

「え？　あ、そうですね。ちょっとノドも乾きましたし」

私はドギマギしながら答えます。近くの喫茶店にでも入るのだろうかと思ったのですが、喫茶店を過ぎ、コンビニを過ぎ、路地みたいなところに入っていきました。実はこの辺りは地域で有数のラブホテル街なのですが、まさか彼女がそちらのほうに向かっていくとは思いもしませんでした。

「延岡さん。せっかくこうしてお知り合いになれたから、もう少し親しくなりたいわ」

そして彼女は腕を組んできました。

「正直にいいますと、最近あっちのほうは全然です。延岡さん、最初に見たときから紳士的でいいなと思ってました。ね、いいでしょ？」

彼女は私を悩ましい表情で見つめています。

「え？　それはつまり、その、どういうことでしょうか？」

　もちろん意味はわかっていましたが、予想外の展開だったので、そういうのが精一杯でした。

「それに延岡さん、あなた既婚者でしょ？　良くないわ、それなのにこんなところに参加して。だけど、割り切ったお付き合いを求めてたんですよね？」

　どうして彼女が、私が既婚者と知っているのかわかりませんでしたが、これには驚きました。彼女への興味がとても大きかったのは事実でしたが、既婚者ということを主催者にバラされるのではないかということもあって、私は彼女に従わなければいけないような気持ちになっていました。

　魅力的な女性に誘われて断る理由はないのですが、ただ展開があまりに急なことに戸惑っていました。しかし、結局、彼女に押し切られるかたちで、近くのラブホテルに入ったのです。

「だから、その……。延岡さんもいい思いするんだから、お小遣いお願いね」

　彼女は素敵な笑顔を見せながら、私の身体に密着してきます。鈍感な私は、このとき初めて彼女がお金のためにこんなことをしているとわかったのですが、乗りかかった舟だという気持ちと、私が既婚者ということを知られていた後ろめたさもあって、断れませんでした。ちなみに金額は二万円でした。

そして部屋に入った私達は、この日初めて会ったとは思えないほど強く抱き合います。といいますか、彼女のほうが積極的で私がリードされている展開です。

ドアのところで激しく抱き合ったあと、彼女はいきなり私のズボンとパンツを下ろしてチ○ポを取り出しました。半ボッキ状態だった私のチ○ポを、彼女はいきなり咥え込みました。いわゆる仁王立ちフェラです。このときの快感は忘れられません。チ○ポはすぐにフルボッキして、彼女の口の中いっぱいに大きくなります。咥えているだけではなく、彼女の口の中では舌先がチ○ポの先端を刺激しています。

ときどき彼女が私の顔を見て、気持ちいいかどうか確認してきましたが、そのときの表情を見たときも、チ○ポが大きくなる感覚がありました。私は、シャワーの後でベッドでからむという極めてオーソドックスな展開を予想していましたが、いい意味で裏切られました。洗っていないチ○ポをしゃぶられている興奮も合わさり、射精しそうな状態に追い込まれます。

「まだだめよ。それとも口の中でいちど出して二回戦する？」

彼女は口の周りを唾液とガマン汁でドロドロにしながら聞いてきます。しかし私は、このときもうすでに射精をガマンできそうにありませんでした。私は彼女の後頭部を両手でおさえて、使ったことはなく存在を知っているだけでしたが、まるでオナホを扱うかのようにチ○ポを押し付けました。彼女のノドの奥にチ○ポの先端があたります。彼女はかなり苦しかったと思うのですが、私のその行動を口内で射精する意思と受け止めて、口の中で舌先を使ってヨコ筋をベロベロと舐めてくれました。

「ああ！　もう出そうです！」

直後、快感とともに彼女の口の中に射精しました。私の動きが止まると同時に、彼女もフェラを一旦停止します。ノドの奥に発射された精液が口内に逆流してむせているようでした。私はまだ射精の途中だったので、そんな彼女を気遣う余裕はなく、いまだ後頭部を押さえつけて最後の一滴が発射されるまで余韻を楽しんでいました。

三十秒ほど経ったでしょうか、私が最後の一滴をしぼり出したのを見届けたようにチ○ポを口から離しました。その瞬間、精液があふれて彼女の口の周りがドロドロになりました。

射精自体かなり久しぶりのことでしたが、思えば口内発射したのは人生で初めての経験でした。私はあまりの気持ち良さに、下半身が痺れているような感覚がまだ続いています。そのとき、おもむろに彼女の舌先がチ◯ポの先端をとらえました。亀頭部分をペロペロと何周か舐めたあとで、口に含みカリ部分を唇で刺激すると同時に舌先で残りザーメンをすくい取ろうとしています。

射精直後でしたから、当然ながら私はくすぐったくて何度も腰が引けてしまいそうになりました。

「気持ちいい？　お掃除フェラです。残らずザーメンを出すと次の射精のときに濃いのが出ますから」

ときどき彼女はチ◯ポから口を離して、説得力のありそうな話をしました。私はこのとき初めて両脚がガクガクしていることに気が付きます。ずっと力が入った状態で立っていたためでした。普段使わない筋肉を少し使っただけなのにこの有様です。この後のセックスはムリかもしれないと思いましたし、射精直後でしたから、精力がまったく残ってなくそもそもヤリたい気持ちになるかどうか不安でした。

ところがその数秒後、そんな私の意思に反してチ◯ポがムクムクと大きくなってきたのです。射精から数分しか経っていないのに、こんなにもはやくボッキするとは驚きでした。ボッキした驚きもあったのですが、それよりも両脚がガクガクするのも忘れて全身に力がみなぎっていくようでした。

「延岡さん！　また大きくなってるよ。チ○ポ若いね！　ステキだわ」

彼女はそういうと、最初のときよりもたくさん唾液を出しておしゃぶりしています。

「ステキ」といわれた私は、さらに嬉しくなり同時に興奮しました。

「じゃあ、ベッドに行きましょうか？　二度も口の中じゃつまらないものね」

そして私は彼女に手を引かれてベッドに移動します。このとき彼女はまだ服を着ていたのですが、私は少し前を行く彼女に抱きついて、服を脱がそうとしました。

「延岡さん、そんな焦らないで。ベッドに行ってから、ねっとりやりましょ」

元来が受身な性格の私は、妻に対してもそれまでに付き合った女性に対しても、焦った行動に出ることはなかったのですが、この日ばかりは違いました。それだけ彼女がエロくて魅力的だったといえると思います。

そしてベッドに移動した彼女は自分から服を全部脱いで、全裸でベッドの上に転がりました。私は少しだけ冷静になっていたので、彼女の横に寝転がりました。冷静になったとはいえ、チ○ポはずっとボッキした状態です。次の瞬間、彼女がチ○ポを握り、またおしゃぶりを開始します。

やがて彼女は、私の身体の上に乗りシックスナインの態勢になります。私は目の前のマ〇コにむしゃぶりついていました。マ〇コはすでにグッショリと濡れていて、私の舌で刺激するとプルプルと動いています。私のチ〇ポをフェラしている間に、彼女が感じてマ〇コを濡らしていたんだと思うと、さらに興奮しました。

彼女がザーメンをすべてすくい取ってくれたように、今度は自分の番とばかりに夢中でマン汁をすすりました。すすってはマ〇コに舌を這わせてクンニを繰り返しながら、マ〇コ表面に舌を這わせるのはもちろん、膣内に舌先を突き入れて、膣壁を舐めまくりました。

すすってもすすっても、後から後からマン汁があふれてきます。彼女が濡れやすい体質ということもあったのでしょうが、私は自分のクンニで彼女がものすごく感じていることに気をよくして、さらにマ〇コを激しく舐めまくりました。同時に、彼女の口から悩ましい声が何度も響いてきましたから、私はさらに心地よくなります。

彼女は激しく感じていましたが、かといっておしゃぶりが疎かになっているわけではありませんでした。亀頭を刺激したかと思うと、今度は根元まで咥え込んでディープスロート。最初の仁王立ちフェラは、激しいおしゃぶりが目立ちましたが、ベッドに移ってからは緩急をつけた絶妙なおしゃぶりです。私はタマ裏のあたりがゾワゾワして、新たなザーメンが生成される感覚がありました。

直後、私が思わず声をあげてしまうプレイが実行されたのです。アナル舐めでした。私の尻の肉が左右に広げられた後、アナルを彼女の舌が這ったのです。衝撃的な感覚でした。もちろん初めての経験です。それだけではありません。アナル表面をしばらく這いまわった舌は、その後でアナルの中に侵入してきます。私は無意識のうちに腰を浮かして、彼女がアナルを舐めやすい態勢になっていました。

アナルに入り込んできた彼女の舌は、その中で激しく動きまわります。その間、ずっと手コキが続いていて、私はあまりの気持ち良さに情けない声を何度もあげてしまいました。

「延岡さん、お尻の穴すごく感じるみたいね。いいわ、こうするともっと気持ちいいかも！」

彼女はそういうと、シックスナインの態勢から私の下半身のほうに移動して両脚を持ち上げました。そして浮き上がった私の腰の下に、自分の両脚をさし込みます。ちんぐり返しの恰好にさせられた私のアナルに、彼女が舌を這わせてきます。続いて舌先を尖らせたかと思うと、またしても肛門内部に舌先を突き入れてきます。シックスナインの態勢のときよりも、さらに奥に入り込んでいました。

同時に手コキが進行。私は恥ずかしさや理性などとうになくなっていて、断続的にヘンな声をあげていました。彼女の舌先が私の直腸内を何度も行ったり来たりした後、回転して内部の壁を舐めまくる快感はとにかく凄まじく、尻穴が性感帯であることを強く認識させられました。

「あら！　ものすごいガマン汁の量ね。もう入れたいの？」

手コキを続けていた彼女の指に、大量のガマン汁が垂れていました。私が頷くと、彼女はジュルジュルとヒワイな音を立ててチ〇ポを何回かおしゃぶりした後で、私の身体の上に乗っかってきました。そして騎乗位でチ〇ポをマ〇コに導きます。

マ〇コにチ〇ポが根元まで包み込まれた瞬間、私はまたしても情けない声を発してしまいました。それほど気持ちが良かったからです。亀頭部分があたっているマ〇コ内部が強く締まったかと思うと、今度はマ〇コ入口付近が締まります。ただ、挿入した状態でこれですから、マ〇コ内部をチ〇ポがピストンするとどんなことになるんだと思っていましたら、彼女がM字開脚ポーズでゆっくりと腰を上下させ始めました。

そんなにチ○ポを刺激されたら射精してしまうと思った私は、彼女のほうに視線を向けました。するとワイセツ過ぎる結合部分が目に飛び込んできます。チ○ポとの接触面といいますか、ガマン汁とマン汁とが混じり合った汁がマ○コから垂れています。チ○ポとの接触面といいますか、マ○コの入口付近もグチョグチョに濡れていました。

「ねえ、オチ○ポ入ってる？　ちゃんと見て！」

彼女はそんなヒワイな言葉を叫ぶと、今度は腰を前後に動かし始めました。そしてときどき、腰を回転するように動かします。私は全身の感覚がチ○ポに集まってしまったと錯覚してしまうほどの気持ち良さを感じていました。

「気持ちいいわ！　マ○コの中で延岡さんのオチ○ポが大きくなってる！」

彼女はそう叫ぶと、腰を激しく動かして大きなアエギ声を連発します。このとき、私は最初に口内発射で出しておいてよかったと思いました。もしも出してなかったら、ここまで気持ちがいい状態ならもう射精しててもおかしくないからです。しかし、そうはいっても、射精したい感じはどんどん高まっていきました。

数分後、彼女がマ○コにチ○ポを入れた状態で180度回転しました。背面騎乗位です。彼女は私の脚に手をついて、腰を激しく動かします。上下に動かしたかと思うと、今度は横、そして回転。それらの動きが凄まじい勢いで切り替わり、チ○ポの快感はハンパありませんでした。

「ああ、もう出そうです！　このまま中で出してもいいですか！」

私は叫びましたが、そのときにはもう射精が始まっていました。ドクドクとチ○ポが脈打つのを感じながら、最初よりも量は少ないかもしれないけど、飛び切り濃いのが出ている感覚がありました。

「中はダメです！　ああ、そんな……。中はダメっていったのに……」

そういうと彼女は腰の動きを止めます。いちどチ○ポを抜こうと思っていたのかもしれません。しかし、ザーメンがマ○コの中に注ぎ込まれるのを感じた彼女は、だんだんと声が小さくなっていき、さらにチ○ポを抜くのもあきらめたようでした。そして今度はまた激しく腰を動かします。

「もう！　悪い人、延岡さん。ダメっていったのに。こうなったら、残りのザーメン全部しぼり出してやるから！」

彼女は腰を回転させたり、上下に動かしたりしました。射精前よりも激しい動きです。それと同時にマ○コがウネウネと動いてザーメンをしぼり取ろうとしています。私は、塊になったザーメンがチ○ポの先から排出される感覚がありました。セックス自体がとんでもなく気持ち良かったのはもちろんでしたが、全て出し切った満足感もあり、彼女をとても愛おしく思いました。

「ねえ、延岡さん。まだボッキしてるでしょ？　最後にバックで何回か突いてみて！」

そういうと彼女は、マ○コに手を伸ばして私のチ○ポの根元をつかんだまま前に倒れ込もうとします。私もそれにつられて起き上がり、彼女がいうようにバックの体位になりました。たしかにまだチ○ポはボッキしています。

その状態で私はピストンをはじめました。ブリブリというヒワイな音とともに、マ○コとチ○ポの隙間から中出しザーメンが垂れてきます。私のザーメンだけでなく、彼女のマン汁も混じり合っているかと思うと激しく興奮しました。

私はマ○コの感触の余韻を楽しむかのようにゆっくりと何度かピストンしました。チ○ポはボッキしているといってもフルボッキ状態ではなかったので、すぐに萎えてしまうと思っていたのですが、何度目かのピストンのときに、チ○ポがまたムクムクと大きくなっていく感覚があったのです。

正直、とても驚きました。絶倫のＡＶ男優にでもなった気分です。彼女も、チ○ポが再度大きくなっているのを感じ取っていました。

「延岡さん！　またボッキしちゃったの～？」

私はそのままバックで何度もピストンしました。マ○コからあふれ出してきたザーメンが滴り落ちてシーツにシミをつくります。

「すごいわ！　いまいちばん大きくなってる気がする！」

彼女はそう叫びながら、シーツを両手で強くつかんで感じています。最初の口内発射はもちろんですが、その後のセックスも彼女がリードしていて私は受身でした。しかし、二回目のセックスは私が主導権を握っているという自覚があり、そのことに満足しながらピストンを繰り返しました。

あまりに何度もマ○コを突きまくったので、さっき中出ししたザーメンが全てあふれ出してしまったのではないかと思うほど、シーツがドロドロになっていました。

思うに、すでに二度射精しているばかりか、その都度しぼり取られているわけですから、チ○ポの反応が鈍くなっていても仕方ありません。しかも彼女のマ○コの中はザーメンとマン汁でグチョグチョの状態ですから、チ○ポが滑ってしまい摩擦度が低くて刺激が少ないのも事実でしょう。

ところが、このときの私のチ○ポはそんなことなどお構いなしという雰囲気で、ビンビンのフルボッキ状態をずっとキープしていました。そして何度目かのピストンの後、射精しそうになる感覚が股間を襲います。二度もしぼり取られてしまっているために、どのくらいの量、ザーメンが出るのかわかりません。しかし、そんなことはもうどうでもいいと思いました。どうせ膣内はザーメンでグチョグチョですから、ザーメンが追加されようが追加されまいが誤差の範囲内と思ったわけです。

「オチ○ポ硬いわ！　延岡さん、また出そうなの？　ほんと困った人ねえ。子宮の中がパンパンになっちゃう！」

彼女がそう言い終わらないうちに、射精が始まっていました。チ○ポの中を精液が通過していく感覚はありましたが、大量ではありません。何度か脈打っている間に、精液の通過は終わっていました。快感よりも、短時間の間に三度も射精した達成感のほうが勝っていたように思います。

その後、私はようやくマ○コからチ○ポを抜き出しました。彼女がすばやく振り返り、まだボッキしていたチ○ポを咥え込みました。またお掃除フェラです。ヒリヒリとした感覚がありましたが、彼女の唾液に包まれるとそれも収まっていきます。彼女はとても嬉しそうに、亀頭、裏筋、横筋と丁寧にお掃除してくれて、最後はチ○ポの先端に軽くキスをしてくれました。彼女の口から抜かれたチ○ポは真っ赤に充血していました。

「ザーメン好きなんですか？」

私は少しだけ冷静になっていましたので、思い切って聞いてみました。

「好きよ。ザーメンもそうだけどオチ○ポが好きなの」

そう答えて笑う彼女の何と魅力的だったことか。今思い出してもボッキしてきます。

そして私達はやっとシャワーを浴びて、服を着ました。

部屋から出る前に、彼女に約束の代金を渡します。そのとき、彼女が名刺を渡して連絡先を教えてくれました。彼女が名刺を持っていることに違和感があったのですが、名刺を見て納得です。

それはデリヘルの名刺でした。彼女は風俗嬢だったのです。最初の集合時に教えられた名前と、お店の名前が明記されていました。やけに積極的だったことやお金を要求してきたこともあり、薄々は風俗かもしれないと思っていました。でも後悔はありません。名刺は妻や娘に見つかると大変なことになりますから、電話番号だけを登録して彼女に返しました。もちろんまた利用したいと思ったからです。

それはそれとして、彼女は婚活するつもりはなくウソをついて参加していたわけですが、そもそも私がどうして既婚者だとわかったのかを聞いてみました。

「ああ、それは勘です。というかカマかけたんです。未婚の方なら怒るかもしれませんけど、そのときは、以前に婚活パーティで既婚者にダマされたという話をしようと思っていましたし、ほんとに既婚者なら、延岡さんのような反応ですわ」

それを聞いた私は、感心してしまいました。

それにしても精力をすべて吸い付くされ、チ○ポはまだズキズキしています。それから私は、またお願いしますと声をかけて彼女と別れました。風俗が浮気かどうかは難しいところだと思いますが、今日は妻にとても優しくなれそうです。

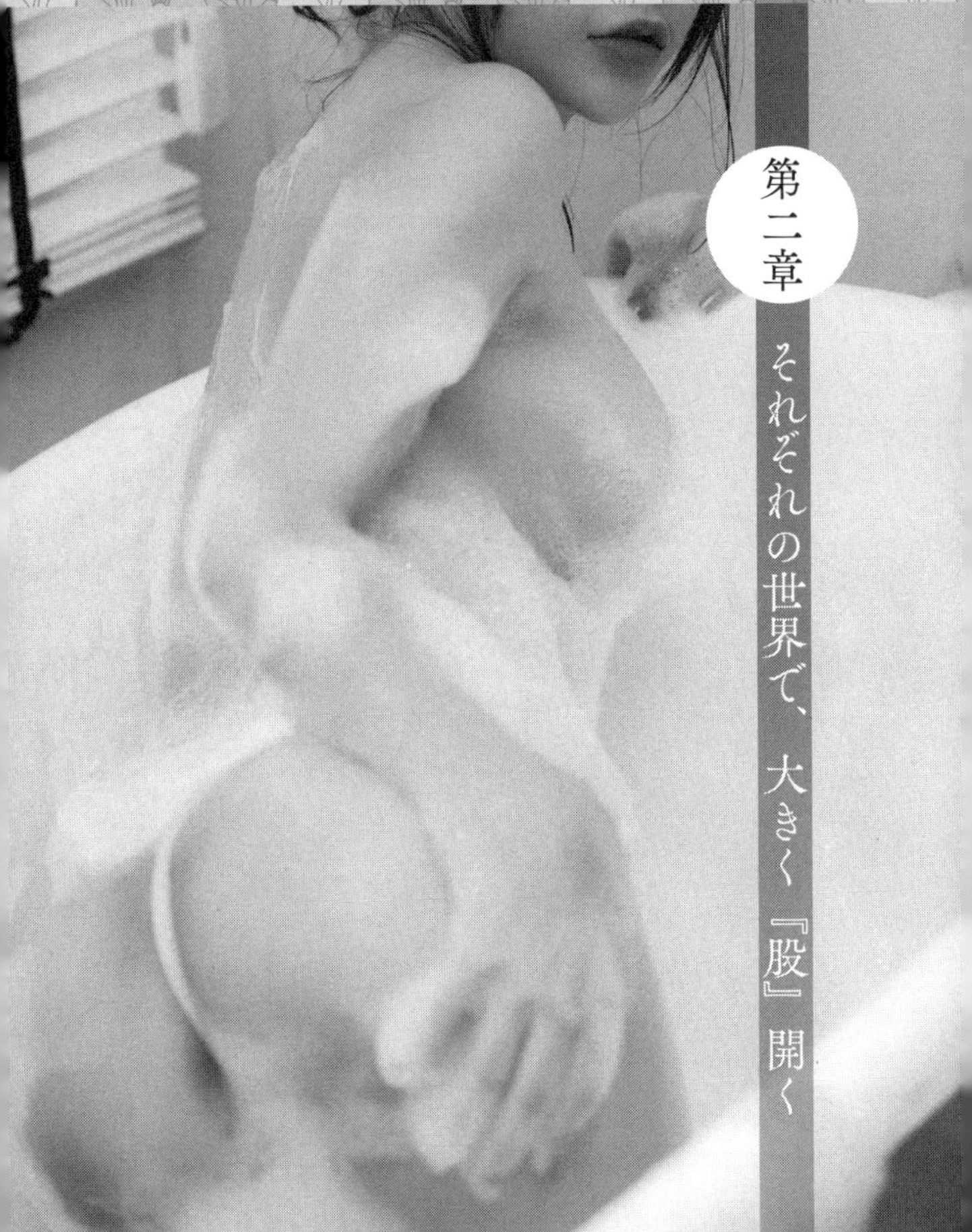

第二章 それぞれの世界で、大きく『股』開く

●求不満な人妻が、復活したバブルディスコでハレンチフィーバー

バブル世代の野獣に蹂躙された人妻ディスコクィーン

【告白者】桜ひとみ（仮名）／30歳（投稿当時）／人妻

私は今年とうとう30歳の大台に乗ってしまった人妻です。いつまでも若いつもりでしたが、近所に住む小学生から「おばさん」と呼ばれることもめずらしくなく、最近は女として枯れていくことに焦りを感じ始めています。

まだ子供がいないにもかかわらず、夫とのセックスが充実しているわけではなくて、もしも子供が生まれたならセックスから遠のいてしまうであろうことは想像に難くありません。すでに事務的なセックスが続いているからです。

そういうわけですから、私はとても不満が蓄積していました。ヒマなときなどは自分でいじってしまうことも多いのです。

ちなみに私は、自分の容姿にはそこそこ自信があり、大学生のときには学園祭のミスコンで最終候補に残ったほどです。そのためすごくモテたのですが、結婚して専業主婦となってからは男友達と遊びに行く機会など皆無……。

自分で股間をいじったときは満たされるのですが、あとに後悔というか寂しさが残るのも事実です。

ハメを外してみたい、そうしないと頭がヘンになるかもしれないと思い続けていたある日、学生時代の友達から連絡がありました。学校を卒業してからも二ヶ月にいちどくらいは付き合いがあった友達の里美でした。里美は独身。とある大手銀行で働いています。私とは違い社会でずっと働き、いろんなところで遊んでいる里美。そんな彼女が、ディスコイベントなるものに私を誘ってきたのです。

私達の世代は〝ディスコ〟と聞いてもあまりピンときません。〝クラブ〟みたいなものだろうかと思っていましたら、里美がいうには、クラブよりも大規模で活気がすごいとのこと。昔バブルのときに流行ったそんなディスコが、数日間だけ開催されるようでした。里美に見せてもらった案内には、ワンレンギャルがボディコンに身を包んでお立ち台で踊るみたいなことが書かれていました。しかし里美はバブル世代ではありません。なんでそんなものに興味があるのだろうと思っていたら、バブル世代の部長に今回のイベントを教えられたとのことでした。

バブル経済時の日本を特集した番組で見たことありますが、大きなステージのうえに乗って脚丸出しの女たちが踊っているアレかとすぐにわかりました。そんな女たちを大勢の男たちが見上げている光景もお馴染みです。女も男も、あの空間で踊ればたしかにストレス発散できるかもしれません。というわけで、ストレス発散を欲していた私は、ふたつ返事で行くことにしました。

ただしイベントは夕方六時からだったので、夫に事前に言っておかなくてはなりません。私は当日の朝、実家に行くので帰りが遅くなるとウソをついて夫を会社に送り出しました。欲求不満の私は、知らない相手であっても誘われたらOKしてしまうかもしれない。そんなことを考えていましたから、ついウソをついてしまったのです。最近はぜんぜん女として見てくれない夫に対する仕返しみたいな気持ちもありました。

そして同日、私は出来るだけオシャレをして待ち合わせ場所に向かいました。里美の上司である部長は普通のスーツ姿でしたが、里美はコートっぽいものを羽織っています。季節外れなのに加えてスーツの色は地味。怪訝そうにその姿をながめる私に、スーツの下はボディコンだと教えてくれました。ものすごいやる気を感じます。

それはそれとして、里美と部長以外にダンディな雰囲気の男性がひとり。聞くと、里美の会社の役員とのことでした。

「いやあ、アナタが彼女の友達ですか。私が若いときは毎晩のようにディスコでフィーバーしてましてね。今回も懐かしくて参加させてもらったんですよ」

そういって役員さんは私に話しかけてきます。年齢は還暦手前といったところだと思います。会社の役員というと、頑固で偉そうにしているイメージが強かったのですが、この役員さんはそんなところが微塵もなくスマートな紳士という雰囲気でした。

さて、そういうわけで私達四人はイベント会場に入りました。すでに大勢の人でごった返しています。年齢層は50代、60代が目立っていて、私と里美のようなアラサーはほとんどいません。おそらく百人規模のお客さんがいたのではないでしょうか。数分後、会場の照明が暗くなり、どこからか流れてきたアナウンスの声でイベントの開始が伝えられました。

天井には複数のミラーボールがキラキラと光りながら回転しています。私が学生時代に数回行ったことがあるクラブは目の前にいる相手の顔が見えないほどの暗い照明でしたし、今回のような大きな会場で煌びやかな照明はとても新鮮でした。

そして突然、威勢の良い音楽が鳴り響きます。役員さんの話だと、ユーロビートという種類の音楽とのことでした。もともと賑やかな場所が好きな私は、楽しくなって音楽に合わせて踊っていました。里美はもうすでに地味なコートを脱いでボディコン姿です。身体にピッタリと貼り付き、女らしい曲線が露わになっています。加えて、パンツが見えそうなくらい短いミニスカです。

こんなハレンチな姿でお立ち台で踊ればパンツが見えるのは当たり前ですから、お立ち台の下に男達が群がるのもわかります。それから数分後、景気の良いユーロビートが流れるなか、ボディコンに身を包んだ女達がひとり、またひとりとお立ち台の上に上がっていきます。彼女らは、見たところ50代、60代が中心です。だらしない身体にボディコンを着ていて、コミカルに見えてしまう女性もチラホラいました。しかし若いときの興奮をふたたびというところでしょうか、自分の姿など気にせずにとても楽し気に踊っています、

そして里美もお立ち台にあがり踊り始めました。気持ちが高揚していた私も、里美に負けじとお立ち台に上がり踊ります。普通のワンピースにロングスカートというバブルディスコには似合わない服装でしたが、太った身体にボディコンの女性たちのように、まわりを気にせず踊りまくりました。

やがてお立ち台の下には男達が群れを成して、踊る女達を凝視しながら踊っていま

す。里美の上司の部長と役員さんの姿も見えました。私は踊っているうちにとても楽しくなり、部長と役員さんに見せつけるかのようにお尻を振りながらダンスをします。彼ら以外の男性にも見られているという高揚感が、私を大胆にしていました。

里美も私以上に腰を振りながら踊っています。パンツを下から覗かれながら、「今日は赤のTバックはいてきちゃった」と私に言いつつ、激しいダンスを続けていました。私も、スケベな姿をさらしながら踊りたい。そう思いましたが、あいにく露出度の高い服装ではありません。ロングスカートで来たことを後悔しながらも動きだけは艶めかしい感じで踊っていました。

お立ち台の上で激しいダンスが繰り返されていた時間は約十五分くらいでしょうか。女性達のなかには早々とお立ち台から降りてクールダウンしている人もいます。里美と私はユーロビートのBGMが終わるまで踊り続けました。そのうち会場はさらに人が増えてきて、満員電車かと思うほどの密度になっています。雑誌やテレビの映像で見るバブル期のディスコそのままみたいな絵に、私は少し感動していました。

やがてお立ち台から降りた里美と私は、部長と役員さんと再び合流します。

「すごかったねえ、キミたちの踊りは。ひとみさんのボディコン姿も見てみたいもんだ。さあ、いい席とってるから行こう！」

役員さんは興奮気味に私に話すと、里美と私をＶＩＰ席なるものに連れて行ってくれました。お立ち台の横にある階段をのぼると広い空間になっていて、そこがＶＩＰ席です。円形のシートがいくつもあり、中心には小さめなお立ち台が設置されています。さっき私たちが踊っていたお立ち台の真上らしく中二階みたいなつくりでした。

「ここでお酒を飲みながら、少しクールダウンしなさい。また踊りたくなったらさっきのお立ち台でもいいし、ここに小さいのもある」

役員さんはそういうと、店員らしき人物に四人分の飲み物を注文します。里美と部長はさっきからイチャイチャしていて、私はそのときに初めて、ふたりがそういう関係だと知りました。里美は不倫していたのです。さらに真剣な感じで見つめ合ったかと思うとディープキスを交わしました。

「お友達見てるよ」

「踊ったら興奮してヤリたくなっちゃった」

そんな会話が聞こえてきます。そうこうするうちに、里見はボディコンを脱いで全裸になり部長の上に乗って抱き合っています。ソファーに面している通路を店員が何度か通りすぎますが、とくに気に留める様子はありません。ＶＩＰ席とはそういう場所なんだと思った直後、役員さんが私の隣に座り、手を握ってきました。

「聞いてるよ。旦那さんとご無沙汰なんだって？」

照明は暗くて、ムーディなＢＧＭが流れていました。だからというわけではないですが、私はとくに拒むこともなく役員さんの手を握り返します。初めて会った男性と関係を持つことにたいする背徳感から、〝トキメキ〟みたいなものを感じていました。また、目の前で里美と部長が抱き合っていることも私を大いに興奮させたことも事実。

次の瞬間、店員が現れ役員さんになにかを渡します。それはボディコンでした。

「そんなおとなしい服装を脱いでコレに着替えなさい。大丈夫、このフロアには私たちしかいないから」

と言って役員さんが私の手に水着を握らせます。見ると、超ハイレグでド派手なデザインです。私は店員に案内されて更衣室へと連れて行かれました。

初めてのハイレグ水着。ワンピーズタイプの水着よりもはるかにキツくて着るのは大変でしたが、自身の姿を鏡で写してみると、セクシーな女性になった気分がしました。あまりにハイレグ過ぎてパンツをはいたままだとパンツが見えてしまいます。私はこの際だからと思い切ってパンツを脱いで水着を着ました。すると案の定、陰毛の端っこがハミ出しています。だけど、そんなのは些細なことのように思え、陰毛をハミ出させた状態でシートに戻りました。

「これはいい！　とてもよく似合っている」

役員さんは大喜びです。私を目の前に立たせて至近距離で眺めたばかりか、細部をチェックし始めました。そして陰毛のハミ出しを見つけまた喜びます。

「バブルの頃、私はまだ下っ端でお金も無くてね。会社の上司に連れられてこういうところに何度も来たんだけど、上司とボディコンギャルが目の前で楽しんでいるのを指を咥えて見てたんだ。でも今日は、こんなにステキな女性と楽しい時間を過ごせる」

そういうと、私を後ろ向きにして膝の上に乗せました。続いて、私の背中に息を吹きかけたかと思うと、舌を這わせてきます。水着は背中が丸出しになっているため、舌はダイレクトに背中を刺激します。私はゾクゾクとした感覚が全身に走るのを感じていました。背中を舐められたのは人生で初めてかもしれません。直後、役員さんの手が前にまわり、水着の上からバストを愛撫し始めました。

「ああ、乳首すごく感じます！」

私は思わず声を出していました。水着のなかに入った役員さんの手がボッキした乳首を摘まんでいます。私は身体をのけ反らせて反応。こんなにも乳首が感じたことはありませんでした。ノーブラで水着を着たので、衣装と乳首とが擦れることで、すでに感じていたところに役員さんの愛撫が加わったのでしょう。乳首への刺激だけで何度もイキそうになりました。そのたびに、身体が勝手にビクビクとケイレンしてしまいます。私はそのとき、役員さんの左側の足の上に座った状態だったのですが、感じてしまったことで徐々に脚が開いていきました。

「乳首だけでこんなに感じるなんて驚いたよ。それとも長いこと欲求不満だった？」

「自分でもビックリしてます……股間のほうもいじって欲しいです」

私は自分で言いながら、大胆な要求を懇願したことが信じられませんでした。それだけ性欲が溜まっていたともいえますし、非日常的な空間が私を大胆にしたのかも。

そして役員さんの手が股間に伸びていきました。ハイレグ部分が強く引っ張られてオマ〇コが露わな状態になります。役員さんの指がオマ〇コの中に入り込んできて強引な動きを見せました。私はそのとき初めてオマ〇コが濡れていることを自覚しました。乳首への愛撫が気持ち良過ぎて膣内もヌルヌルだったのです。

「もうグチョグチョじゃないか。もちろんこうなることを期待してきたんだろ？」

恥ずかしいことを言われても、その通りなので否定できません。

「エッチなことを期待して来ました……」

挙句、自分のスケベさをアピールするかのようにそんなことを口走ってしまいます。同時に私は、オマ○コにもっと太いものが欲しくてたまらなくなりました。太いオチ○ポでかき回して欲しい。オマ○コの奥が疼く感覚がずっと続いています。

「お願いです！　オチ○ポを刺し込んでください！」

ついに私はとんでもなくドエロな要求を口走ってしまいます。しかし、役員さんはすぐにチ○ポを挿入することはせず、オマ○コに突き刺していた指を抜いて、私の口のなかにねじ込みました。

「こんなに濡れてるよ。どうだね？　自分のマン汁を味わう気持ちは。もういちどチ○ポが欲しいっておねだりしなさい！」

「すごくヒワイな味がして、すごく恥ずかしい！　だけどオチ○ポが欲しくておかしくなりそうなんです！」

役員さんは私の手を取り、ボッキチ○ポを握らせます。

「自分がしたいようにしなさい！」

私は言われるまま、態勢を少し移動してボッキチ○ポがちょうどオマ○コに当たるところに腰を下ろしました。背面騎乗位というのでしょうか、役員さんの腰の上です。しかし、自分の手でオマ○コに導くことは憚られ、ボッキチ○ポを握ったままでした。

「はやくしないと、ずっと焦らされたままだよ」

役員さんに耳元で囁かれた私は、オマ○コの入口にボッキチ○ポをあてがい、そのまま腰を深く下ろしました。オマ○コはグチョグチョ状態でしたから奥深くまでスムースに入り込んでいきます。私は、チ○ポの先端が子宮口を圧迫していることを感じて、下半身全体が締め付けられるような感覚を覚えました。

「ああ、そんな！　急にこんな奥まで……ダメです。もう少しゆっくり……」

自分で腰を深く下ろしておきながら、拒否する言葉を叫んでいました。それくらい激しい刺激だったのです。ところが、役員さんに腰を強く押さえつけられていたため、私はチ○ポを抜くことができず、少しパニック状態になりました。

役員さんはチ○ポを半分ほど抜いたあとで、また強い力で突き刺します。直後子宮口が圧迫されて、私は悲鳴と同時に役員さんの手を強く握っていました。もう少し優しくピストンして欲しいという抵抗です。

「お願いです……私、ほんとに久しぶりのセックスなんです。それに、こんな奥を突かれること初めてなんです。だから優しく動いてください」

しかし役員さんは、私の懇願を聞いているのかいないのか、続いて私の両脚を抱えあげてM字開脚の恰好にしました。態勢が少し変わったため、子宮口への圧迫は多少和らいだものの、結合部分を丸出しにされている恥ずかしさに今度は襲われます。

とはいえ、この時点でもう私は冷静さを欠いていました。本当は恥ずかしいのかどうかもわからず、ただピストンに反応しているだけの状態だったと思います。そして役員さんは私を180度回転させて、今度は座位で激しいピストン！

「マン汁が私のキ○タマにまで垂れてきてるぞ。ほんとに濡れやすい人妻さんだ」

そう指摘された私が、自分の股間を覗き込んだとき、結合部分からクチャクチャとワイセツな音が響いているのが聞こえました。何度も何度も子宮口を圧迫されたにもかかわらず、さっきまでの苦しいような感覚は薄れ、オマ○コ全体が激しく動いている感覚が生まれています。私は、意識的に恥ずかしい恰好でしゃがみ込んでピストンを受けました。和式トイレでオシッコするみたいなポーズです。

「いい格好だ。入っているところが丸見えだ。ここにいるほかの皆さんにもエッチなところを見せてあげようじゃないか！」

役員さんはそういうと、私の両脚を抱えあげてそのまま立ち上がりました。いわゆる駅弁ファックです。もちろん私は初めて経験する体位でした。「きゃあ！　落ちる！」不安定な状態だったので大きな声が出ましたが、そのときは落ちそうな怖さよりも好奇心のほうが勝っていました。加えて羞恥心も再び芽生えていました。というのも、最初は私たちだけがＶＩＰ席の利用客でしたが、このときには私たちの他に2～3のグループがシートに座っているのが見えたからです。彼らは役員さんと私が駅弁ファックで交わる様子を興味津々な表情で眺めています。

そして役員さんはお立ち台の上に乗りました。このとき、下の大きなお立ち台でもまたダンスが始まっていて、同時に大きな音量でユーロビートが流れてきます。役員さんはそのＢＧＭに合わせるかのように軽快な感じでオマ○コへのチ○ポピストンを繰り返していきます。その後で、私を抱きかかえたまま他のＶＩＰシートをまわり、私たちのセックス姿を披露していきました。還暦間近なのにものすごい体力です。後で聞いた話によると、若い女性との不倫に備えて毎日ジムで鍛えているとのことでした。

そして自分たちのシートに戻ってきて、再び座位で激しいピストン。私は気が付くと役員さんとキスしていて濃密な唾液交換もしていました。さっき、他のシートをまわりセックスをお披露目したときに浴びた歓声も、私を興奮させていました。

「私、役員さんの精液が欲しいです。オマ○コの中に欲しいです！」

恥ずかしいおねだりに、役員さんは頷いてピストンの速度を速めていきます。私の身体は自然とユーロビートのリズムで揺れていました。こんなに気持ちいいと思ったセックスは人生で初めてでした。もっとこの状態でオマ○コを突きまくられたい……そう思っていましたが、役員さんのチ○ポはとても大きくなっていて射精間近。

「オマ○コの中に濃いの出してください！」

私が叫ぶと同時に役員さんが射精しました。瞬間、オマ○コの中が熱くなりチ○ポの動きが止まります。役員さんが最後の一滴を搾り出すまで三十秒ほどの時間が過ぎていました。私は自分のオマ○コがいまだプルプルと動いていることに気が付き、結合部分を覗いてみると、オチ○ポとオマ○コの隙間からとても濃いザーメンが吹き出しているのが見えました。しかも泡を吹いています。

とんでもなくドエロな光景に、私はオマ○コがまた締まるのを感じていました。数分後、役員さんはオマ○コからチ○ポを抜き取ります。直後、大量のザーメンが吹き出して床に垂れ落ちていきました。私は呆然とした状態でシートに倒れ込みます。まだオマ○コが疼いていましたが、体力が限界だったからです。

少し眠ったのかもしれません。気が付くと私は、VIP席専用のお立ち台の上に寝かされていました。ボディコンは着たままでしたが、股間部分の布地がカットされていてオマ○コ丸出し状態です。中出し直後でグチョグチョのままの状態でした。

「さあ、もういちど景気のいい踊りを見せてくれ！」

身体を起こした私に、役員さんが話しかけてきます。そして流れる大音量のユーロビート。近づいてきた里美が私を起こして立たせ、いっしょに踊りはじめます。このとき里美は全裸でした。私と同じく股間がグチョグチョに濡れていましたから、中出しの直後だったのでしょう。そしてさらに、他のVIP席からふたりの女性が出てきてお立ち台でダンスを始めます。彼女たちはビキニを身に付けていましたが、パンツは穿いておらずブラだけの恰好です。

セックス直後なのか、やはり股間はグチョ濡れでした。そして私達四人は踊ります。その姿を歓喜して眺める男達。里美や他の女性客が、男性陣に見せつけるようにグチョ濡れの股間を突き出してダンスしている姿をみて、私も負けじと同じようなダンスを披露しました。恥ずかしさよりも高揚感がハンパないです。

夫を裏切ったことになる役員さんとのセックスに対して、まったく後悔はなく、またチ○ポを挿入して欲しいとさえ思っていました。それよりなにより、踊っているこの瞬間が楽しくて仕方がありません。このままの姿で、下のお立ち台の上でダンスして大勢の男達を刺激してみたい。そんなことも思っていました。

「ねえ、楽しかったでしょ？　また来ようね」

里美が踊りながら私に話しかけてきます。

「もちろんよ！　今日はホント楽しかった。ねえ、次来たときはアナタの部長のチ○ポ、私に譲ってくれない？」

と、私はありえないほどはしたない提案をしてしまっていました。

「仕方ないわねえ。それなら今度は４Ｐやろうか！」

里美が私に笑いかけながら踊ります。目の前には里美の上司の部長と役員さんの顔がありました。私はオマ○コから指ですくい取った中出しザーメンを、彼らに向かって浴びせかけました。それを見た里美も私と同じ行動をして、ふたりで大笑いしました。

●アイドル志望の教え子をウソの撮影会で誘い出し生交尾

エロ撮影会に教え子を進路指導…罰当たり教師の末路

【告白者】森潤一郎（仮名）／32歳（投稿当時）／私立学校教師

　私はとある私立学校で教鞭をとっています。裕福な家庭の子女が通う学校なのでこれといった問題が起きたことはありません。エスカレーター式に上の学校に行くことができるため、受験の時期でも校内の雰囲気は和やかです。そのためか夢見がちな将来の目標を持っている生徒も少なくなく、今回お話する真理奈もそんな生徒のひとりでした。夢見がち過ぎたのか真理奈は早くからアイドルを目指していたのです。

　当時私は、進路指導を担当していましたから相談にも乗りました。アイドルになりたいと本気で思っているようで、週に一度、歌のレッスンにも通っているとのことでした。

　真理奈は確かにルックスは飛びぬけていて清楚系アイドルという感じでした。また進路指導の時間に、私の目の前で歌とダンスを披露してくれたこともあります。どのくらいの水準なのか私には判断できかねたのですが、彼女は人前で見せることが大切と思っているようでした。

「ねえ先生！　今日の放課後も進路指導して欲しいんだけど」

そしてその日の放課後にまた進路指導が始まりました。進路指導に使われる部屋は個室で机とイスが置かれているだけです。もともとは生徒の自習室だったのを進路指導室として使用しているのです。

「先生、今日はこの衣装どう思うか教えて欲しいんだ」

部屋に入るなり真理奈はそう言うと、紙袋の中からキラキラした衣装を取り出しました。アイドルのことをまったく知らない私には、以前に見せてもらったいくつかの衣装とどれも同じに見えるため、どう思うと聞かれても答えに困ってしまいます。

「実は今度オーディションがあるんだけど、そこで着ようと思ってるの」

そういって自分の身体に衣装を合わせます。

「それじゃよくわからないから着替えて見せてくれよ」

キラキラした衣装と真理奈の笑顔のせいでしょう、私は自分でも信じられない非常識なことを口走っていました。

「先生が見たいなら着替えてくるね」

真理奈は一瞬、戸惑ったようでしたが衣装を持ってブースを出ていきました。おそらくトイレで着替えるのでしょう。私は少し後悔しました。ほかの先生方や生徒たちに、アイドル衣装の真理奈とブース内でいるのをもしも見られたら言い訳できないと思ったためです。しかし、そんな危険を冒してもアイドル衣装を着た姿が見たいほどそのときの真理奈は魅力的に映っていました。

先にも言いましたが、私は妻のことを愛しています。ほかの女性に心を奪われることは決してありません……と心に決めつつも、私は一歩踏み出してしまった感じがしました。こんなにも可愛らしい教え子が、私のことを慕ってくれているからです。

「スカートがちょっと短すぎるかなあ。踊ってると見えちゃうよ」

真理奈が衣装に着替えてブースに戻ってきました。華があって天真爛漫な感じの姿に、私はまた魅了されます。思えば真理奈との進路相談が始まって三ヶ月。これまでよく手を出さずに我慢できたなとあらためて思うほど、真理奈は輝いていました。

ちなみに私の妻は神経質で、細かいことを気にするタイプです。結婚後は年を追うごとにそれが酷くなっているような気がします。最近気になっているのがオーガニックらしく、それに関する細かい話を、私は仕事を終えて帰宅したあとで聞かされることになるわけですが正直キツいです。そんなときは、真理奈の可愛い姿を頭のなかに思い浮かべて、妻の話を受け流しています。

「すごく良いと思うよ。どんなオーディション受けるのか知らないが、しっかりな」

私はそれほど興味がない素振りを見せますが、本当はミニスカートやその中身を見たくて仕方がありませんでした。そのため、チラチラと盗み見てしまっていたのでしょう。それに真理奈が気が付き、「先生、スカートのなか気になってるでしょ？」と言ってミニスカをヒラヒラさせます。

ピンク色のパンツが目に飛び込んできました。それと同時にいい香りが漂ってきたように思います。

「先生、そんな固まらなくて大丈夫だよ。これ見せるパンツだから。この下にホントのパンツもう一枚はいてるの」

真理奈の言葉をうわの空で聞きながら、ムッチリとした太ももにも魅せられていました。若い娘特有のハリがあります。

「実は、先生の知り合いにカメラマンがいるんだ。紹介してやってもいいけど。オーディションには写真が要るんだろ？　プロが撮ると全然違うって聞くぞ」

今思い出すと、私はなぜこんな提案をしたのかわかりません。とにかく学校の中ではマズいと思っていたことだけは確かです。カメラマンというのは口からでまかせで、学校以外の場所でふたりきりになりたいがためについたウソでした。

「ホントに？　先生にそんな知り合いがいるなんてすごい！」

真理奈は思いきり喜んで私に顔を近づけてきます。その姿を見ていると、私はウソだと言えなくなってしまいました。

「今度の日曜日時間あるか？　カメラマンと会わせるけどどうする？」

私のことを信用しきっている真理奈を騙すのはいけないとわかっていましたが、若くて美味しそうな身体を目の前にして、理性がおかしくなっていたのでしょう。

「嬉しい！　先生ホント好き！」

このとき私は、真理奈に性的な欲望を悟られないようにして悪戯するにはどうすればいいか、そんな卑劣なことを考えていたのです。

次の日曜日、私は学校からかなり離れた場所にあるレンタルスタジオを予約しました。イベントをやるのに最適なスタジオでして、広さは二十畳ほどです。簡易的なステージや音響設備も揃っていました。妻には、地域の学校の先生が集まる研究会に参加しないといけないという理由を告げて自宅を出ました。教師は忙しく、土日が潰れることもあるのを妻は承知していましたので、怪しまれることはありませんでした。

そして私は、真理奈を連れてスタジオに向かいます。真理奈とはスタジオの近くで待ちあわせをしていました。

「すごい！　ライブ会場みたいなとこだね」

スタジオに入るなり、そういって私に笑顔を向けました。このとき私は倫理観とか理性がきちんと働いてなかったと思います。頭のなかでは真理奈を凌辱することばかり考えていたからです。

「例のカメラマンさあ、前の仕事が押しててまだ来てないんだよ。だから、俺たちだけで始めてようか？」

「あ、そうなんだ。でも始めるって？　衣装に着替えてくればいいの？」

私が頷くと、真理奈はスタジオ内の一画にあった更衣室に入りました。しばらくしてアイドル衣装の真理奈が更衣室から出てきたのですが、先日よりもスカートが短くなっているような気がしました。

「気持ち短くしたんだ、スカート」

　私の視線に気が付いたのでしょう、真理奈は屈託なくそう言うと、走る前の準備運動みたいな動きをその場で始めます。スカートがヒラヒラとひるがえり、ときおりパンツがチラチラと見えます。ピンクではなく白でした。

「今日はほんとのパンツ！　やっぱり二枚はくとちょっと動きにくいんだよね。それにしても、先生、エッチなとこばかり見てるね」

　顔を赤らめた真理奈の何と可愛かったことか。私はこのとき、下半身で精液が生成されていく感覚を確かに感じました。

「また先生にダンス見せてくれよ」

「え～、パンツ見えるから恥ずかしいなあ」

　このとき私は、真理奈が小悪魔みたいに見えました。わざと焦らしているように思ったからです。

「誰も見てないから大丈夫さ。ほらはやく」

　何度か要求すると、真理奈はステージに上がり、気に入っている曲を口ずさみながら踊り始めます。そして踊っているうちに本気モードになったのでしょうか、激しい動きの踊りも見せてくれました。私は踊っている真理奈の荒い息が聞こえるくらいの距離に近づいて踊りを凝視します。ときどき真理奈がいる方向からの空気の流れを感じて興奮しました。

二、三分後、踊りを終えた真理奈は深くお辞儀をしてステージを降ります。すっかりテンションが高くなっていた私は、大きな音を立てて拍手しました。アイドルとして人気が出るかもしれないと思ったからです。

「すっかり魅了されたよ。真理奈のファンになりそうだ」

「先生が私のファンの第一号だ。すごく嬉しい！」

真理奈は私に邪な気持ちがあるとは思いもせずに、天真爛漫な顔をしています。

「で、ファン第一号として提案したいんだけど、もうちょっとだけ露出多めのほうがいいんじゃないかな」

「それって、もっと肌を見せろってこと？」

「やっぱりさあ、最初は真理奈のルックスに魅かれてファンになるわけだよなあ。だったら最初に、コレは！　って思わせたほうが勝ちだと思うんだ」

ちなみに真理奈の衣装は、下半身はミニスカで上半身は長袖のドレスっぽいものでした。だから、下半身はともかく上半身は肌をもっと露出したほうがいいというか、私がその姿を見たかったからです。

「それと、デビュー前にもうファンがそれなりにいるっていうのは心強いぞ。先生、いま思ったんだけど、撮影会とか企画したらどうだろう。アイドル予備軍の女の子を応援するみたいなことでさ」

何度も言いましたように、私は真理奈の恥ずかしい姿を見たい気持ちが最優先でしたから、そんなことをすれば大問題になるとわかっていても抑えられませんでした。

「え、先生、そんなツテあるの？」

「何人かは集まると思うよ。真理奈だってデビューすればグラビア撮影とかあるだろ。そのときにうまくできるかどうかってけっこう重要って聞いたことがある」

冷静に考えると、そんなことをデビュー前にやる必要は必ずしもないと判断できるのでしょうが、真理奈はまだ学生で実社会のことをあまり知らないこともあって基本的には逆らいませんでした。

「今度撮影会企画するから。そのときの衣装はこっちで用意するよ」

「わかったよ、先生。でもあんまり人数が多いと緊張するかも」

そして、真理奈の撮影会を次の日曜日、また同じこのスタジオでということに決めました。もちろん私に、撮影会を企画するようなツテはありません。フタを開けてみたら真理奈と私、一対一の撮影会になりますが、きっと真理奈は応じてくれるでしょう。

「そういえば先生、カメラマンの人ってまだ来ないね」

この日、来ると話していたカメラマンはもちろん来ません。そもそも存在していませんから。仕事が終わらず今日は無理といっていたと、真理奈には伝えました。しかし、それでも真理奈は私を疑う気持ちはまったくないようでした。そして私にも罪悪感はありませんでした。真理奈をモノにしたいという気持ちだけだったからです。


そして一週間後、私は妻にまたウソをつき、真理奈を連れて例のレンタルスタジオに行きました。当然ですが、撮影会開始の時間がきても私と真理奈のふたりだけです。

「ほかの人はそのうち集まると思うから、ふたりだけで始めようか」

私はそういって、用意してきた衣装を真理奈に渡しました。紙袋に入った衣装を持って真理奈は更衣室に入ります。一週間前は数分で衣装に着替えて更衣室から出てきた真理奈でしたが、今回は十分経っても出てくる気配がありません。

それもそのはず、衣装というのはマイクロビキニの水着でしたから、着替えようか着替えまいか躊躇しているのでしょう。

「おい！　どうした？　ちょっと恥ずかしかったかなあ」

声をかけてもしばらく返事がなかったのですが、やがて真理奈は出てきました。胸を両手で隠しているうえにスカートをはいています。

「先生、この水着、ぜんぶ見えちゃうじゃないですか……」

しかし、私を責めるような感じではなく、ただただ恥ずかしそうでした。

「いまはこれくらい見せないとダメなんじゃないのか？　とにかくファンの心をつかむのが大切なんだよ。最初は恥ずかしいかもしれないけど、そのうち慣れるさ。それに何だ！　そのスカート。ちゃんと脱ぎなさい」

私はそう言ってしばらく待ちましたが、真理奈がスカートを脱ぐ気配はありません。

そのため、仕方がないという顔をして真理奈の背後にまわり、一気にスカートを下ろしました。もちろんはやくエロい姿が見たかったためです。

「何するんですか！　やめて！」

このとき私は正気を失っていたのでしょう。真理奈が嫌がる悲鳴すら心地よく感じていました。スカートの中から登場したのはTバックをはいた真理奈のヒップです。

生で見るのはもちろん初めてです。真理奈のヒップは思っていた以上に上にあがっていて形もよく、弾くとプルプルと音がしそうな感じでした。

中心にはTバックのヒモがあるはずなんですが、左右のお尻の肉に挟まれているので見えず。ヒップのボリュームを感じさせます。さらに、お尻から太ももへと至る部分の何と美しくエロかったことか。お尻が弾力性に富んでいるだけに、太ももとの境界線がはっきりとしていて素晴らしいと思いました。

「先生、恥ずかしい……スカート穿いていいですか？」

「ダメだ！　前も見せなさい！」

そう言うと私は真理奈の前にまわりこみ、股間に顔を近づけました。このTバックのパンツは股間部分は極小の逆三角形で、陰毛がハミ出すくらい小さい面積です。真理奈の場合も少しだけハミ出してはいましたが、逆三角形の上部から数本が顔をのぞかせているだけです。マ〇コ亀裂の周辺は陰毛が生えていないか、それともパンツの中に押し込まれているかわかりませんでしたが、後でじっくりと確認するのが楽しみで仕方がありませんでした。

続いて私は、真理奈の上半身を凝視します。バストを隠していた両手をどけさせると、形のいい美乳が露わになりました。乳輪のみを隠すだけの面積しかない極小のものですから、おっぱいはほぼ全開です。私はしばらくの間、バストの悩ましい曲線を視姦していました。どう料理してやろうとかと妄想していたのです。

「このビキニ、もう恥ずかしいから着替えてもいいですか？」

真理奈が小声で訴えかけますが、私は厳しい表情で首を振りました。それればかりか、極小ブラをはぎとります。

「やめて！　ひどいよ先生！」

ブラは軽くヒモを結んだだけの状態だったのですぐに乳首が露わになりました。瞬間、真理奈はしゃがみ込みます。乳首が見えるのをかばうように背中を丸くしています。

「ほら、真理奈！　そんな恥ずかしがってたらアイドルになれないぞ！」

私は真理奈の手をつかんで強引に立たせました。ピンク色の乳首と乳輪が露わになったばかりか、乳首は少し勃起しているように見えました。私は、乳首のキレイさと勃起していたことに興奮を感じて、至近距離で凝視したばかりか、その後で乳首を口で吸いました。

「やだ！　先生やめて！」

真理奈は激しく暴れます。しかし私は、真理奈の両手を頭の上で重ねて押さえつけてから存分に乳首を吸いまくりました。おっぱいの中から若い娘のエキスが出てくるような気がして凄まじく興奮しましたし、実際甘い香りがしています。

しばらく乳首を吸い続けたのですが、感じているのかあきらめたのか、真理奈は次第におとなしくなりました。私にされるがままの状態です。

「うぅ……、ほんともう許して」

真理奈は何度か私に訴えかけますが、それが逆に興奮を誘います。やがて抵抗は無くなりました。しかしその一方で、乳首がさらにボッキしていたのです。片方の乳首を吸いまくり、もう片方を指で刺激し続けていたためです。自分の意思に反して感じてしまっていることに困惑している様子も見てとれます。

「乳首がこんなにボッキしてるってことは、マ○コも濡れてるんじゃないか？」

私は、Tバックのパンツを下ろします。出てきたのは、恥丘部分に薄く茂る若草のような陰毛と、一直線のマ○コ亀裂でした。同じマ○コでも妻のものとはまったく違う形状をしていました。妻のマ○コはいわゆる肉ビラが多少肥大して亀裂の外側にハミ出していたからです。

ところが真理奈のマ○コは、そんなハミ出しはまったく見られません。興奮した私はしばらく凝視します。純真無垢なマ○コは初めて性的な視線に晒されて、とても恥ずかしそうに見えました。指でいじくり倒したい衝動が生じましたが、乱暴に扱うと壊れてしまうかもしれません。そこで私は舌を使うことにしました。

「真理奈、これからのアイドルはファン感謝の撮影会とかでマ○コを使うこともあるかもしれない。そのときお前が慌てないために、オレが予行練習してやる」

そしてマ○コの表面に舌を這わせようとします。このとき真理奈は驚きと恐怖で抵抗する力を失っていたのかされるがままでした。マ○コの表面に舌を這わす前に、まず味見ということで陰毛に舌を這わせました。柔らかで滑らかな舌触りです。頑張れば数えられるほどの本数でしたから、舌先で捕獲できる数は少ないですが、若い娘特有の陰毛と思い込むと、興奮もひとしおでした。

「うう、ううう……」

真理奈はさっきから小さく呻いているだけです。最後まで、つまりチ○ポの挿入までいけるかもしれないと思った私は、立っている真理奈をステージまで連れて行き、その上に寝転がらせました。そして両脚を広げます。かなり広い角度で両脚が広げられたのですが、一直線のマ○コは閉じた状態のままでした。外部からの侵入をことさらに拒んでいるようにも見えたので、またしても激しくいじりたい衝動に駆られます。

そして私はスジマンに舌をねじ込もうとしました。しかし、柔らかい舌先では、ぴったりと閉じたマ○コをこじ開けることはできません。そのため、私は指で亀裂を少し広げて、そのうえで舌先を内部に押し込みます。スジマンを指で広げた直後、やや広がったマ○コが糸を引いたのを私は見逃しませんでした。

「先生、お願いですから優しくしてください……」

感じていることを私に気づかれたと思ったのでしょうか、真理奈の口からは覚悟を決めたような言葉が飛び出します。私は真理奈の顔を見た後でまた舌先を膣内に押し込みました。このときの興奮を何て表現したらいいのかわかりません。内部は生温かく少し甘い味がしたような気がしました。それよりも私を驚かせたのは、膣内の激しい動きです。初めて経験する外部刺激にちょっとしたパニックになっているようにも感じられます。とはいえ、舌先を断続的に締め付け、また膣奥に向かって送り込むような動きも見せます。

それらのことから私は、未開発に見えたスジマンがとても高いポテンシャルを持っていることを確信します。膣内の締まりが少し緩んだときに舌先をさらに奥に突き入れることを繰り返していると、たくさんの愛液が内部から溢れてきます。

「先生！　どうしよう。ヘンな気持ち……マ〇コがズキズキしてるの！」

真理奈は感じていることをあからさまに告白します。

「気持ちいいのか？　これからのアイドルはマ〇コを使ってトップを獲るんだ！」

私は適当なことを言って真理奈を諭しながらクンニを繰り返しました。いちど舌先を抜いてマ〇コがどんなことになっているか確認したところ、スジマンはぱっくりと広がり、私の唾液と真理奈の愛液とでヌルヌルになっています。マ〇コ内部にはピンク色をした小さな肉ビラがあり、顔を出す機会をうかがっているようにも見えました。チ〇ポはだいぶ前からフルボッキの状態です。もうガマンできません。そしてヌルヌルのマ〇コにチ〇ポの先端を合わせます。

「え！　待って先生、オチ〇ポ入れちゃうの？」

真理奈が虚ろな表情をしながら言います。

「これからのアイドルは、マ〇コを使って営業しないとな。まずは先生が味見してやる。偉い人やファンに提供するマ〇コは極上品じゃないと意味がないんだ」

私はそんなことを口走りながら、マ〇コにチ〇ポを突き入れました。愛液でドロドロだったため、本来はスムースに奥まで入り込むはずが、若い膣のプリプリ感を考慮してなく、途中で弾き返されそれ以上進めなくなってしまいます。

「真理奈、力を抜くんだ。お前のマ〇コはすごく心地いい。これならライバルなんか怖くないぞ」

しばらくして真理奈のマ〇コは徐々に広がっていきました。チ〇ポはさらに奥へと進みましたが、やはりとてもキツいです。真理奈も膣内部がチ〇ポでキチキチになっているのを感じてか、まったく身体を動かすことはありません。

私はチ〇ポの先端が子宮口を捉えた頃合いを見計らい、真理奈の尻を両手で引き寄せてピストンしました。

「イヤ！　ダメ、先生、お腹が苦しい！」

真理奈はピストンの中断を訴えましたが、そのことが逆にチ〇ポを大きくさせます。私は容赦ないピストンを繰り返しました。マ〇コは、チ〇ポの動きにどう対応していいのか困惑しているようで、断続的な締め付けはなくなり、ときどき子宮口のあたりが強く締まる程度の動きでした。

「うう、先生、お腹苦しい……もう抜いて！」

真理奈はここで初めて大きな声をあげます。しかし私はチ○ポを抜くつもりはまったくなく、そのまま激しく出し入れして、遂には中に出してしまいます。あまりに気持ちが良かったため射精を自制できませんでした。

「大丈夫、これならオーディション合格だ！」

しかし、言われた真理奈は股を広げたまま動けない状態でした。

その後、何度か真理奈と中出しセックスをしましたが、一ヶ月後には関係が終わりました。妻が私のスマホを見たのです。そこには真理奈との生々しいやり取りが残されていました。学校から自宅待機を命じられ、妻からは離婚を切り出され……。すべて私の責任なので学校からの処分も覚悟はしていますが、真理奈と連絡が取れなくなったことが気がかりでした。学校から勧められ転校したというウワサも聞きました。真理奈のキツマンを忘れられない私は、もういちど会いたいと思うのですがどうしようもありません。もしかしたらアイドルとしてデビューしているのかもしれないと思い、新人アイドルを扱ったネット情報をくまなく探す毎日です。

●筋肉トレーナーの逞しい男根と極上テクで何度もイカされちゃった私

これで痩せるかしら…快感セクササイズに溺れる奥様

【告白者】藤崎美咲（仮名）／34歳（投稿当時）／人妻

セクササイズに出会う前は、鏡の前で自分の体を見るのも嫌でした。

結婚して十一年。夫・健一とは数年間セックスレスが続いていて、私はそのことに申し訳ない気持ちと焦りを感じていました。

「何とかしなくちゃ」

そう決意した私は、シェイプアップを目的に近くのフィットネスジムに通うことにしたのです。そこで私の運命は変わったのです。

ジム通い初日。私は受付で手続きを済ませ、ロッカールームに向かいました。

「初めてなので、どうすればいいのかな……」

私はレオタードに着替え、トレーニングマシンの前に立ちました。そこへ、筋肉質で逞しい男性が近づいてきました。

「初めまして。僕が今日のトレーナー、剣崎です。一緒に頑張りましょう」

パーソナルトレーナー・剣崎さんの声が爽やかに笑いかけてきました。私はその声と体つきにどぎまぎして、下腹部がキュンとなるのを感じました。

「は、はい。初めてなので、基本的なことから教えていただけますか？」

「もちろんです。それでは、まずウォーミングアップから始めましょう」

彼は簡単なストレッチをすると、ランニングマシンでのウォーミングアップを指導してくれました。私は彼の指導に従い、体を動かしました。

「どうですか？　少しほぐれてきたようですね」

「はい、なんだか体が熱くなってきました」

「筋肉に効いている証拠です。では、少し本格的なトレーニングに移りますよ」

彼の指導に従って、ダンベルを持ち上げたり、レッグプレスを行ったりしました。

その間、彼は私のフォームを見て、時折アドバイスを送ってくれます。

「美咲さん、その調子ですよ。もう少し膝を曲げて……そう、その通り！」

その言葉は私を勇気づけてくれました。今まで何度もダイエットに失敗してきた私ですが、彼と一緒なら目標を達成できそうな気がしたのです。

「今日はありがとうございました、剣崎さん」

「いえいえ、美咲さんも頑張りましたね。また次回、お待ちしています」

それからというもの、私はジムで剣崎さんと会うのが楽しみになりました。ジムに通い始めてから数週間、だんだんスタミナがついてきて、なんだか体調も以前よりもよくなったような気がします。それにつれて彼の指導もいっそう厳しくなり、私の体を見る目つきもますます熱がこもってくるのを感じていました。

そんなある日のことです。トレーニング後に彼が話しかけてきました。

「美咲さん、上半身のシェイプアップはいい感じですね。むっちりと肉感的で、なかなかそそる体つきになってきたじゃありませんか」

「ヤダぁ、剣崎さん。そんなこと言われたら照れちゃいますよ〜」

私は汗ばんだ自分の体が急に恥ずかしくなってきました。濡れたシャツが肌にぴったりと貼り付いて、ボディラインが丸分かりです。胸元は堅くなった乳首が隆起してくっきりと浮かび上がっていました。

「しかし、下半身はまだまだ効果が今ひとつのようですね。どうしてだろう。トレーニングメニューが合っていないのかもしれない。美咲さん、よかったらちょっと特別なエクササイズを試してみませんか？」

「え？　特別なエクササイズ？」

「はい。私が考案した、美咲さん専用のパーソナルトレーニングです」

彼はそう言うと、私に一冊の女性誌を差し出しました。その雑誌の表紙には大文字でそんなキャッチコピーが踊っていました。

『セックスでキレイに痩せる！』

「こ、これって……一体」

「この女性誌の人気企画、美咲さんもご存じでしょう。ほら、見てください。今回の特集、俺が監修しているんですよ」

特集ページを開くと、そこには確かに彼の名前と顔写真が掲載されていました。

「セックスとエクササイズを合わせて、セクササイズ。この世界では結構カリスマと呼ばれているんですよね、俺」

「カ、カリ……」

唐突な話でびっくりしましたが、同時にちょっと興味も沸いてきました。剣崎さんがこの人気雑誌に載るほどの有名人だったなんて。

「美崎さん、知っていましたか？　セックスってね、一回でご飯一杯分のカロリーを消費できるんですよ」

彼は背後から私の腰に手を回すと、耳元でそう囁きました。背中にごつごつとした彼の厚い胸の筋肉を感じます。

「一回のセックスで１００キロカロリー消費するとして、週二回ヤレば月にマイナス８００キロカロリー。年間だと９６００キロカロリー消費する。脂肪を１キログラム落とすのに必要な消費量が７０００キロカロリーだから、セクササイズだけでも年間１キログラム以上のダイエットができることになるんだよね」

そう言うと、剣崎さんは股間を押し付けてきました。硬く膨らんだペニスがお尻に当たる感触に、私もアソコが熱くなってくるのがわかります。

「それに、セクササイズには健康的に筋肉を鍛えて、ボディラインを引き締める効果があるんですよ」

閉店後のジムは静まり返っていました。剣崎さんはシャツを脱ぎ、上半身を露わにしました。私の目は黒光りする大胸筋に釘付けです。

剣崎さんは私の乳房をマッサージするようにゆっくりと揉みしだきました。

「乳首が硬くなっていますね。乳酸が溜まっているのかな」

指先は私の腰から内腿、そしてオマ〇コへと伸びていきます。

「ああ、剣崎さん……私、セクササイズをしてみたいです」

「わかりました。美咲さん、いま一番気になっている部位はどこ？」

彼の指が秘裂をぐいっと割り込んで、内部へと侵入してきました。

「あ、あふぅ……ん」

「ちゃんと答えてくれないと困るなあ。このデカ尻をなんとかしたいだろう？」

「は、はい。ヒップアップをお願いしたいです……」

「俺から助言をさせてもらうと、大腿筋と腹筋を少し鍛えるといいですね。大腿筋を鍛えると新陳代謝が上がって痩せやすい体になります、それに、腹筋を鍛えることで背中のラインが綺麗に伸びて、ヒップアップになりますよ」

剣崎さんは私を背後から抱え込み、目の前にあるベンチプレスに手を付かせて立ちバックのようなポーズになるように命じました。

「まずは立位後背位で背中を引き締めましょう。軽く足を開いて」

私は言われるまま開脚しました。いつの間にかパンティは脱がされています。彼はお尻の肉を鷲掴みにして膣穴を拡げると、愛撫も抜きに挿入してきました。

「はうっ、ああ、あぐぅう！」

「ほら、繰り返しピストンすると、次第に背中がぐぐうーっと反ってきます。辛くても頑張ってオマ○コを引き締めて。大腿四頭筋にも効いてきますよ」

反り返った上半身を剣崎さんに支えてもらい、快感に身を委ねます。チ○ポ連結のまま後ろ手にされ、強引にディープキスもされました。

「ゆっくりと大きく突いてもらい、膣の奥まで入ってきたら背中を反らせてください。十回突いたら、ワンセット。ツーセットいきますよ」

剣崎さんが腰をぐいっと深く沈めきました。

「ひいっ、か、硬いっ」

私は弾かれたようにえび反りになり、喘ぎました。一気に子宮口まで突き通されたかのような、凄まじい突きです。凄まじい快感が全身を駆け抜けました。

「ああ、いい……いいわ、剣崎さん、もっと突いて」

私は彼にしがみついて、律動に合わせて尻を振り回していました。正直、夫とでは決して味わえない気持ちよさです。これが不倫の醍醐味でしょうか。空前絶後の快楽に、私は我を失ってしまいそうでした。ワンセット、そしてツーセット……私は本能のままピストンに身を委ね、ただ腰を揺すって快感に溺れるばかりでした。

「括約筋、キレてますよ。なかなかいい締まり具合じゃありませんか」

「いやだぁ、恥ずかしいわ……あ、あぁんっ」

「気持ちいい、おおおお、で、出そうだ」

「きてぇ、剣崎さん！　中にいっぱい出してっ」

私は思わずそう叫んでいました。その瞬間、彼のペニスが弾けたのです。びゅるっ、びゅるるるっ！　熱い精液が膣内に迸ると同時に私も果てました。

「はぁ、はぁ……本日のトレーニングは以上となります」

こうして、セクササイズ初日は終了したのです。

次の日、私は我慢できずにまたジムを訪れました。セクササイズ二日目のメニューは大臀筋に重点を置いた本格的なヒップシェイプでした。

「今日はヒップシェイプですが、体位は背後からの騎乗位が効果的です。その前に、まずは軽くウォーミングアップをしておきましょうか」

剣崎さんはそう言うとトランクスを脱ぎ捨てました。ペニスはすでにギンギンです。彼は私をしゃがませると、フェラを命じました。硬くそそり勃った肉棒を口内に捩じ込まれ、ためらうことなく夢中でしゃぶりました。先生の男根はカリが太く、まるでバイブのようです。それが口の中で硬く、さらに大きく膨らんできました。

「よーし、ウォーミングアップはここまで。じゃあ、早速始めましょう」

彼はマットの上に寝転びました。

「男性はこのように仰向けに寝ます。そこへ、女性が男性の足側を向いて背後から腰を沈めていきます。はい、では美咲さん、腰を下ろしてください。そう、ゆっくりでいいです。最初は膝立ちの体勢で行うとやりやすいですよ」

私は言われた通りに膝立ちになって、彼の股間に跨りました。そして、慎重に腰を沈めていきました。先生の硬い肉棒が、割れ目に飲み込まれていきます。

剣崎さんが私の背後からお尻を抱えて、結合部ギリギリまで持ち上げてから、今度はゆっくりと下ろしてピストンをサポートしてくれました。

「そう、その調子。なかなか上手ですよ。このポーズのとき、女性はヒップの筋肉を意識しながら沈めるようにするとパーフェクトです。腹筋から大腿筋に力を入れて、膣を締めることを意識しましょう。膝立ちからのピストン運動は二十回ワンセットで、ツーセット頑張ってください。はい、いーち、にーい」

彼の大きな手が私のお尻を鷲掴みにして、持ち上げては下ろす動作を繰り返します。私のオマ〇コはもう発情汁でドロドロになっていました。じゅぷぷ、ぴちゃ……抜き差しされるたびに卑猥な音が秘裂から洩れてしまいます。

「じゅーに、じゅーさん……」

彼は素知らぬ顔で抽挿を続けます。ゆっくりとしたピストンは大腿二頭筋にも効くようです。腿の後ろ側が少しプルプルと震え始めてきました。

「じゅーく、にーーじゅう。はい、ではいったん休憩して、息を整えましょう」

ツーセットを終えると、彼はペニスを引き抜きました。白濁した愛液がツツゥーと糸を引き、室内ライトにキラキラ輝いているのがいやらしい。私の全身はピクピクと少し痙攣していました。たぶん、軽くイッてしまったのだと思います。

「ではもうワンセットいきますよ、はい、いーち、にーい……」

休む間もなく、再び串刺しに貫かれました。少し達しちゃったぶん、感度は増しています。膣襞がさっきよりも激しく、ビクビクンと大きく震えます。

最後の一突きが終わった瞬間、私ははっきりとオルガに達してしまいました。膣もお尻もおっぱいも、全身が愛液と汗でびっしょりです。

「よく頑張りましたね。ツーセット繰り返したら、今度は膝立ちの体勢から足の裏をベッドに付ける体勢に変えてみましょう」

私は膝立ちから四つん這いになり、足を開いて跨りました。まるで抱えられてオシッコをしているみたい。お尻の穴が彼から丸見えです。

「そう。いい感じです。このポーズは両脚で体を支えるので、大腿筋の筋トレに効果的です。動くことはあまり意識せず、ヒップを持ち上げたらそのままキープしてください。この姿勢を維持するだけでも、かなり太腿の筋肉に負荷がかかりますよ」

あまりの恥ずかしさに、肛門がヒクヒク収斂するのがわかりました。

「腰を落とさずに、しっかりと踏ん張ってくださいね。十回ワンセットで、3セット目指してがんばりましょう。それでは、始めますよ。ワン、ツー」

脚を大きく開いているぶん、剣崎さんの男根がオマ○コを出入りしているところがさっきの姿勢よりもよくわかります。ぶちゅ、ぶちゅ、と卑猥な音とともに抜き差しされるたび、彼のペニスが私の肉汁でヌルヌルになっているのが見えました。

「ファイブ、シックス……」

六回目に差しかかると、口からひと際大きな喘ぎ声が出てしまいます。

「あぁあ、だめ、だめぇ……そんなに奥まで掻き回されたらもう……あぁぁいぃぃぃぃ、い、イク……イッちゃいますうぅ」

激しいグラインドに私は思わず絶叫し、また絶頂に達してしまいました。

「おや、どうしたんですか。ワンセットもできずに果てるなんて、あなたらしくないですねぇ。まだプログラムは残っているんですよ」

剣崎さんはため息をつき、肉穴を荒っぽく弄りました。

「ああっ、あふん」

ぐっしょりと濡れた花弁に指を入れられ、熱いラブジュースが溢れてくるのを自分でも感じます。お尻の方まで垂れてぐしょ濡れでした。

「きつくても頑張ってくださいね。セクササイズはきつくなってからのもうひと踏ん張りが効いてくるんです。それじゃ、次のメニューにいきますね」

もう、意地悪……そう言いたくなるのを我慢して、こっくりと頷きました。

「今度は美咲さんが仰向けに寝そべってください。背中を付けたまま、膝を曲げて足を三十センチほど開きます。はい、膝を軽く曲げて。そう、いいですよー」

開脚ポーズになると、そこへ彼のペニスが割り込んできました。

「ほら、身体の力を抜いてください」

亀頭が私の膣道を押し分けて、ゆっくりと侵入してきます。これだけセックスしているのに、剣崎さんの息はまだ乱れていません。それにオチ〇チンだってずっとカチカチに硬くなったまま。やっぱり、すごいスタミナです。

「はい、息をふうーっと吐いて。もっと奥まで入れますからねー」

筋骨隆々のペニスが膣底を掻き抉ります。あ、オチ〇チンに骨はないんだっけ……ああ、どうしよう。さっきイッたばかりなのにまた気持ちよくなってきた……。

「よーし、奥まで入りました。それでは、ゆっくりと動きますよ」

彼はそう言ってピストン運動を始めました。挿入したまま、私の腰を下から支えて持ち上げます。剣崎さん曰く、このお尻を持ち上げる体位は、女性の感じやすい部分に深く挿入されて、よりディープな快感を得られるそうです。

「ペニスの動きに合わせて、脚を開いたり閉じたりしてください。そうすると、膣が締まったり緩んだりしてもっと気持ち良くなれます。太腿で体を支えるようにすると骨盤底筋に効きます。腰を持ち上げることで、腹筋の引き締め効果もありますよ」

この動きを十回ワンセット×3セット繰り返します。

「いーち、にーい」

腰を高々と持ち上げられると、彼のオチ○チンが子宮口を圧迫してきます。ああ、きつくて感じちゃう、オマ○コがとろけてしまいそう……。

「その調子、しっかり踏ん張って、腹筋も意識して」

そんなこと言われても無理……だって……感じすぎちゃって体に力なんて入らないわ……頭の中はもう真っ白で、意識が飛んでしまいそうでした。

「さーん、しぃぃー」

私が困惑するのも気に留めず、剣崎さんはピストンを繰り返します。ああん、あん……肉棒が子宮を圧迫するたびに、私の口から吐息が漏れました。

「ごーおぉ」

ああん、だめ、だめよ……またイキそう。快楽の波がどんどんと押し寄せてきます。

ああっ、あんあん……ジムの中に私のよがり声が響き渡りました。

「ろーく、なーな、はーち……ほら、あともう二回」

あまりの気持ちよさに、もう回数なんて気にしていられませんでした。

「きゅーう、じゅーう。」

くうぅ、やっと終わった……ふう、これでまだワンセット……これを3セットなんてもうとても無理……イクのを我慢しているだけで精一杯だわ。

「はい、休まずに。インターバル抜きで続けますよ」

えぇっ、まだ続けるの……もう少し待ってよ……そんな私にかまうことなく、剣崎さんは容赦なく追い込んできます。

「いーち、にーい」

瞬く間に性感が高まります。汗が床にポタポタと滴り落ちました。

いったん静まった快楽の波がぶり返し、さらに大きくなって襲いかかってきます。

ああ、もうだめ……オマ○コがジンジンと痺れて疼きっ放し。括約筋も筋肉痛になるのかしら……ぼーっとした頭にとりとめもない考えが浮かんできます。

「ごーお、ろーーーく」

「ほら、頑張って。ラストスパートですよ。きゅーう、じゅーう」

彼のピストンが一段と力強く、勢いを増しました。膣襞が擦り減るんじゃないかと思うほど、激しく突き抉ってきます。

「あぁぁぁぁ、いい……イクぅ」

「よし、こっちもイキそうだ」

「はぁ、はぁ……イッちゃうっ……イク……イク……イクぅぅぅ！」

最後の一回で押し上げられたとき、ひと際大きな波が押し寄せてきて、我慢できずにオルガに達してしまいました。

ピクンピクン……全身がまだ震えています。

「オマ〇コが痙攣しているね。マッサージでクールダウンしておかないと」。

彼は膣穴に手を伸ばしました。肉壷から逆流して溢れ出たザーメンが剣崎さんの指にまとわりつき、白い糸を引いています。ああ、恥ずかしいわ……。

剣崎さんは、顔を近付けると優しくキスをしてきました。

「や、やめ……」

抵抗しようとしましたが、マッチョなパワーで羽交い絞めにされて、為す術もありません。私はそのまま身を任せ、セクササイズの余韻を味わいました。

汗まみれになった彼の手が、上気した私のおっぱいを揉みしだくようにマッサージしてきます。柔らかな脂肪の塊が、彼の手の中で自在に変形します。

私はうっとりと目を閉じて、甘い吐息を漏らしました。

「……崎さん……ま、また欲しくなってきちゃったみたい」

「美咲さんの持久力も大したものだな。もしかしてセクササイズにハマってしまったのではありませんか？」

「どうやらそうみたいですね、うふふふ」

私は微笑んで、彼のペニスに舌を這わせました。

その夜、帰宅すると、夫の健一がリビングで待っていました。

「ずいぶん遅かったね」

「うん、ごめんなさい、ジムが少し長引いてしまって」

「お前、最近キレイになったんじゃないのか？　やっぱりジム通いのせいかな」

健一は珍しくそんなことを言ってきました。

「なんだかムラムラしてきたよ。久しぶりにヤラないか？」

「ああ……健一、めちゃくちゃにしてっ！」

数年ぶりに味わった夫とのセックス。罪悪感の中、私は何度も絶頂を貪りました。

三日後、私はまた剣崎さんのジムにいました。フィットネスのためというのはただ言い訳。本当はただ彼のオチ〇チンが欲しかっただけでした。

「美咲さん、今日もエクササイズを頑張りましょう」

「はい……」

ストレッチをしながら、彼は意味深な笑みを浮かべました。

「もしかして旦那さんとなにかいいことがありましたか？」

「わ、わかりますか？」

「スッキリした顔をしていますよ。それに肌の艶が違います」

「そ、そうかしら」

「ええ。セックスが充実すると、体内から恋愛ホルモンと呼ばれるドーパミンや女性ホルモンのエストロゲンが分泌されるんです」

剣崎さんは私の腰に手を置くと、ヒップを撫で回しました。

「ドーパミンは代謝を活性化して、むくみの解消や免疫力向上に効果があるんですよ」

（ああ……セックスでキレイになるって、本当の話だったのね）

だったら、なにも罪悪感を覚える必要なんてないわ。美しくなるのは、夫のため。

そう、健一に抱かれるためでもあるのだから。

私はパンティを脱ぐと、彼の指を自ら股間に導きました。

●バイト先のガールズバーに肉体提供の裏メニューがあった

裏メニューが凄すぎて昇天!…若妻の悶絶パート勤め

【告白者】結城真由子(仮名)/24歳(投稿当時)/人妻

今年、結婚したばかりの人妻です。三年くらい付き合っている彼氏と結婚したのですが、デキ婚だったのですぐに籍を入れました。ところが、その後妊娠してなかったことがわかり、まだ子供はいません。とはいえ、結婚したいと思っていた相手だったからそれはそれで良かったのですが、問題は家計です。

夫は私と同い年でまだ若く給料が安かったので、当初は子供を預けて私も働くつもりでした。フルタイムというわけにはいかないと思い、結婚と同時に勤めていた会社を退職し、しばらくは子育てに専念する予定だったのですが、フタを開けてみると妊娠しておらず、かといって元いた会社に戻ることはできません。

それに来年には子供が欲しいと思っていましたから、会社を退職したのは良かったことは良かったのですが、働く先を見つけなくてはと思い、求人サイトとにらめっこする日々が続いていました。

そんなとき、短時間で稼げるバイトを見つけます。いわゆるガールズバーで水商売なのですが、そもそも学生時代にキャバクラでバイトしたことがある私は、さほど抵抗がありませんでした。加えて、今の夫もキャバクラで知り合ったわけではありませんでしたが、学生時代の水商売のバイトのことは知っていて、とくに問題ないと思いました。

というわけで早速エントリーしました。ほかの水商売系にくらべてバイト代がとても高額だったためです。また、一日三時間と時間が短いのも魅力です。問題は夫が許してくれるかどうかですが、友達のヘルプで短期間だけと説明して納得してもらおうと思っていました。

そして後日、私はお店に面接へ行きました。バイト代は基本給プラス歩合制となっていて、歩合はいろいろなメニューをやるかどうかで決まってくるのだといいます。バイトでも一ヶ月で三桁稼ぐ女の子もいるということ。信じられないという顔をしている私に店長が、とにかくレベルの高い女の子を揃えているからお客さんが多いと説明してくれました。お酒と癒しを求めて、それなりにお金を持った年齢層の方々が来店する、普通とはちょっと毛色の違うガールズバーだということでした。ルックスにそれなりに自信があった私はその場で採用されます。そしてとりあえず店に出る衣装を借りて、その日すぐに出勤となりました。

ガールズバーというと、普通はカウンターの内側に女の子数人が立ったまま接客している光景を思い浮かべるかもしれませんが、この店はガールズバーという名前は付いていましたが、実際はクラブとかキャバレーみたいな感じでした。カウンターもありますが、メインはテーブル席での接客です。こういう水商売の店はどこもだいたいそうですが、新人はお客さんに人気です。私も初日からあちこちのテーブルで呼ばれて忙しく働いておりました。

二日目以降は、自分で調達した衣装を着て店に出ます。その出費もバカになりませんから、私は指名を取ろうと頑張りました。オヤジのボディタッチはもちろんエロ話にも調子を合わせるといった具合です。

またほかの女の子の様子を観察することも忘れません。たとえばオヤジのボディタッチをどのくらい許しているのかということです。それよりも少しだけ緩い感じにすることで確実に指名につながります。高級店ではなくてリーズナブルなお店というのも私的には良かったです。

高級クラブで大企業の役員相手に経済や政治の話についていくということは出来ません。リーズナブルな店はエロ話中心ということで、私の性に合っていました。そんな調子でしたから、勤務三日目には指名がグンと伸びてますますやりがいを感じます。

ただ、ここでひとつ気になることがありました。面接のとき、お金を持った年齢層の方々が来店すると店長は話していたのですが、こんなリーズナブルな店にそんなに多く来るのだろうかということです。どうやら裏メニューにヒミツがあるということは薄々気が付いていましたが、具体的にどんなメニューがあるのか知ったのは四日目でした。

四日目、そこそこ小金を持っているという常連の会社社長が来店します。この社長は新人に目がなく、当然私が呼ばれました。

「キミが新人か。女子大生なんだって？」

「ええ、いま大学に通ってるんです。学費とか家賃とか自分で出さなくちゃいけなくて……」

私はここでは女子大生ということになっていました。家が裕福ではなく、学費を自分で稼いでいる苦学生です。遊ぶ金欲しさに働いているよりも、とくに年配のお客さんの気持ちをつかめるということでした。

それはそれとして、社長さんは私と少し話した後で店長を呼び、何やら冊子を受け取ります。レストランのメニューみたいなものですが、私は初めて目にしました。

そして料理を頼むみたいな感じで冊子を指さして店長に確認しています。小金持ちの社長さんなので、シャンパンタワーみたいなのが出てくるのではと思ったのですが、とくに何も出てくる気配はなく、逆に私が店長に呼ばれました。

「ココアちゃん、あのお客さんが特別メニューを希望してるんだよ。もちろんキミ御指名で」

ココアは、私のこの店での名前なんですが、特別メニューとはいったい？

「オプションでお触りコースってのがあって、できるかなって思ったんだけど。とにかく稼ぎたいって言ってたもんね」

「お触りってどんな感じのやつなんですか？」

「う～ん、ちょっと激しめのボディタッチみたいな感じかな。ほかの女の子もやってるから大丈夫だよ。もしOKなら特別ルームに移動してもらうけど、どうする？」

私は断るつもりでした。今のままでも充分に稼げると思っていたからです。オヤジに身体を触らせてまでお金が欲しいとは思いません。まして私には夫がいます。ところが、店長から言われたのは、相手をするのは二十分ほどで、想像を超えるほど高い金額がもらえることです。二十分相手をすれば、約三日分の給料が出る計算になります。私は少し迷った末にＯＫしました。

そして私は、店長の後をついて行き、社長さんを特別ルームに案内するのですが、私自身そこに入るのは初めてでした。ラブホテルの小さめの部屋みたいな感じでしたから、何がおこなわれているのかすぐにわかりました。私はかなり動揺したのですが、二十分でひととおりのプレイができるのだろうかという疑問も持ちました。その後、店長は退出。私と社長さんのふたりになります。

「時間が短いからよろしく頼むよ。この後も少し飲みたいし」

そう言うと、社長さんはベッドに横になり、ズボンとパンツを脱いでしまいました。半勃起のペニスが露わになっています。

「わかりました……」答えつつも私は、何をしたらいいかわかりません。

「ん？　何も言われてない？　ココアちゃんだったっけ？　ココアちゃんの足でいじって欲しいんだよ。あ、その前に顔を踏んでもらおうかな」

社長さんは極度の足フェチだったのです。私はこれまでごく普通のプレイしか経験したことがありません。フェチやSMなどアブノーマルなプレイがあることを知識として知ってはいましたが、まさか自分が経験するとは思ってもみませんでした。でも短時間で高額のバイト代です。私は何も考えてはいけないと自分に言い聞かせて店用のサンダルを脱ぎ、社長さんの顔の上に右足を乗せました。自宅から靴下と靴をはいて店に行き、店内で店用のサンダルにはき替えますから思った以上に汗をかいていると思います。

「これでいいですか？」

汗をかいていることもそうですが、人の顔を踏むという行為に抵抗があった私は、社長さんの顔面に触れるか触れないかのところで足を止めました。

「それじゃダメだ！　もっと思い切り踏みなさい！」

直後、私は体重をかけて社長さんの顔面を踏みます。

「いいぞ！　ココアちゃんは足の肉付きがいい。汗ばんでるところがまたいいね。くすぐったくてもちょっとじっとしてなさい！」

社長さんはそういうと、足の裏をベロベロと舐め始めました。これにはビックリです。恥ずかしさとくすぐったいのと、気持ち悪さがあり、足をどけようとしましたが、社長さんに押さえ付けられていて足を動かせません。

「くすぐったいです！　もうやめて下さい」

懇願しますが、私の悲鳴に近い声を聞いて、社長さんはますます興奮しています。そして今度は、足の指の間に舌を這わせてきました。くすぐったさと気色悪さはもう限界を突破していました。私は激しく暴れましたが、社長さんは指の間だけでなく、親指を口に含んだりほかの指を口に含んだりしています。

「ああん！　もうダメです！」

私は思わず両手を伸ばして。社長さんの舌から右足をガードするような動きをしました。しかし、社長さんはさっきよりも強い力で私の足を押さえ付けて舌を這わせています。一瞬だけ舌が離れましたが、そのときに大量の唾液が滴り落ちていきました。ますます気色悪くなった私は、ほとんど泣き声に近い悲鳴をあげました。直後、やっと社長さんが足を離してくれましたが、舐めるのをやめようとしたわけではなくて、今度は私の左足に狙いを付けて押さえ付けてきました。そしてまた舐めまわされます。最初は足の裏、次に足の指、その次に指と指との間という具合です。私の足は社長さんの唾液でグチョグチョになりました。気持ち悪くて泣きそうでしたが、高額バイト代のためと我慢してずっと舐められ続けました。

「よし！　次はサオを刺激してくれるかな？」

社長さんはそう言うと、ペニスの根元を手で持ちながら私に見せつけました。さっき半勃起だたペニスは、フル勃起しています。私の足を舐めまくることで無茶苦茶興奮した様子でした。

「え？　どういうことですか？」

私は嫌悪感を露わにしましたが、社長さんはそんなことお構いなしに、さっきまで舐めまくっていた左足を押さえて、ペニスに押し付けます。

「こんな感じでグリグリしてくれればいいから。それから、指の間にはさんでくれたら嬉しいな」

トータルで二十分我慢すれば終わると思い、言われるままペニスをグリグリしました。裏筋に足の裏を当ててペニスを踏んづけると、社長は陶酔しきったような表情を見せます。私はあまりに気持ち悪くて吐きそうな気持ちになりましたが、それでも我慢して、今度は親指と人差し指との間に亀頭を挟んで指の間に力を入れたり力を抜いたりしました。

「うう……、すごくいい。コツがわかってきたみたいだな。私は、ココアちゃんみたいに脚のキレイな娘が大好きなんだよ。さあ、もっと激しく動かしなさい！」

それまで私は立っていましたが、ベッドの上に座り、そしてペニスを左足で刺激しながら、右足で社長さんの顔を踏みました。社長さんはさっきよりも激しく私の足の指を舐めまくります。左足の指の間に挟んでいるペニスはときどきビクビクと反応していますし、それに呼応するように、社長さんの下半身がやはりビクビクと動いています。

見ためはそれなりに立派な恰好をしている社長さんなのに、私には気色の悪い変態にしか見えません。そんなことを思いながら何とか耐えていたのですが、今度は社長さんが足の指を舐めながら、私の股間を凝視してきます。社長さんの顔とペニスにそれぞれの足を置いてますから、自然と股が開いてパンツが丸さらしになっているからです。

私はこのとき、チェックのミニスカートとピンクのパンツをはいていました。ピンクのパンツを凝視していた社長さんは、次の瞬間、股間に手を伸ばしてきました。そしてマ〇コのあたりを指で刺激します。

私は本気で嫌がりましたが、これも仕事、もう少しの辛抱だと自分に言い聞かせて耐えました。すると社長さんは、私が感じているとでも思ったのでしょう、パンツの隙間から指を入れてきて、マ〇コを直接刺激しようとしました。

「ああ！　ちょっとそれは！　マ〇コ触られるって聞いてないんですけど……」

「終わったら店にナイショでチップ弾むからいいだろ？」

結局私は、本気で抵抗しませんでした。トータルの時間は二十分。あともう少しの我慢だと思って耐えようとしました。

社長さんの指がマ〇コの表面を行ったり来たりした後でクリを刺激してきます。クリの周辺を指が回転しながら刺激し、ときどきクリ全体を摘まんだり弾いたりしています。私は嫌悪感を抱いた状態でしたが、マ〇コが気持ち良くなる感覚もありました。

数秒後、指が膣内に徐々に挿入されていきます。やけにスムースに奥まで入り込んでいき、私は想像以上にマ〇コが濡れていることに気が付きました。そして指の出し入れが始まります。

社長さんの変態趣味に付き合わされている嫌悪感がある一方、マ〇コの快感もあり、私は自分でも訳がわからない状態になっていました。頭の中がグチャグチャになったような感覚です。しかし、身体は素直に反応していて、マ○コの気持ち良さはさらに強くなり、卑猥な汁が垂れている感覚がはっきりあります。

「ココアちゃん、濡れやすい体質みたいだね。足舐めが気持ち良くなってきたかな？」

社長さんにそう言われて気が付きましたが、足の指を舐められたり、ペニスを足で刺激したりする嫌悪感は次第に小さくなっていました。一方で、マ○コの快感は大きくなっています。

「ああ、もうイキそうだ！　さあ、両方の足で挟んで！」

社長さんはそう言うと、マ○コへの愛撫をやめて私の両脚をつかみ、左右の足の裏でペニスを挟みました。そして足を持ってペニスをシコシコとし始めます。しばらくそうした後で、私にその動きを要求しました。

「これでいいですか？　オチ○ポすごく大きくなってます」

足の指で挟んでいたときよりも確実に大きくなっていたペニスに驚きながら、私は必死で足を動かしました。何度往復したでしょう、突然社長さんの動きが止まり、ペニスの先端からザーメンが発射されました。勢いよく発射されたザーメンは、垂直に吹き上がると、その後私の足の指や甲の辺りに落ちてきました。直後、勢いは弱いながら第二射、第三射と続き射精はとまりました。

社長さんはベッドに横になった状態で身体をぷるぷると震わせています。その後、おもむろに立ち上がるとスマホを取り出して、ザーメンでドロドロになった私の両足をカメラで撮影しました。そのときまた、気色悪さがぶり返してきましたが、プレイはそれで終わりでした。時計を見ると二十分が過ぎています。私は約束のチップを受け取り、社長さんといっしょに特別ルームを出て店内に戻りました。

社長さんはまたお酒を飲み始め、別の女の子が付きました。そこで私はやっと解放され、店のシャワーを使わせてもらい、唾液とザーメンでドロドロになった足を洗いました。

一時間後、私はバイトが終わり帰路についたのですが、懐がかなり温かくなりましたのでトータルでいうと気分的には満足でした。社長さんにしても、変態ではありますが慣れてくれば気にならなくなるかもしれません。そんなわけで私は、最初は数日のつもりでしたが気が付くと一週間以上も勤務していました。

夫には、友人が今度は入院したからヘルプが長引くとウソをつきましたが、バレているかもしれません。その後も、例の社長さんは何度か来店していたようですが、私の勤務日と重なってなくて会うことはありませんでした。

特別ルームに行く指名もとくになかったため、通常業務だけのバイト代しか出てなかった私が、そろそろ特別ルーム指名が欲しいと思い始めたころ、新しいお客さんが私を指名してくれたのです。

このお客さんは何の仕事をしているのかよくわからない人物でしたが、紳士的で女の子からの評判はとても良かったです。年齢はまだ若く40歳くらい。独身でした。常連さんのひとりで、いつも決まった女の子を指名していたのですが、その彼女が店を辞めて田舎に帰ったため、その代わりに私を指名してくれるようになりました。

女の子たちのウワサによると、親から会社と遺産を相続していて相当なお金持ちとのことでした。そのため、女の子たちの間では〝ボン〟というあだ名で呼ばれていました。ボンはそこそこイケメンでスポーツマンタイプに見えたので店の女の子にはとても人気があります。なかには本気で結婚したいと思っている女の子もいました。私には夫がいますから結婚はともかく、なんとか特別ルームに誘ってくれないものかということで、まずは通常の指名を獲得することから始めました。

ボンはお店ではフリーの状態で、複数の女の子が水面下で争奪戦を展開しています。そのため、並大抵のことでは指名されないと思った私は、出勤日を増やしましたが、それだけではなく、ほかの女の子から情報を集め、ボンに関することを調べ上げました。ちょっとした探偵にでもなった気分です。たとえば、ボンが来店するとき偶然を装って店の外で顔を合わせたいと思い、私は店が休みの日なのにもかかわらず店の付近でウロウロすることもありました。

そして一週間後、そんな私の努力が実を結び、来店前のボンが店の近くのケーキショップで女の子たちにお土産を買っているのを見かけて声をかけました。

以後、私はボンの記憶に残ったようで、よく指名してくれるようになりました。そして後日、特別ルームへの指名がかかったのです。私はことあるごとにボンにボディタッチをして気がありそうな素振りを見せていましたから、本当に嬉しかったです。変態社長さんの相手をするよりは数万倍もマシです。

さて、変態社長さんのときとは打って変わり、今度は私がボンの手を引いて特別ルームに入ります。時間はやはり二十分です。

「今日は特別ルームの指名を受けてくれて嬉しいよ。さっそくなんだけど、ボクはフェラが好きなんだ。時間も短いしよろしくね」

ボンはそう言うとすぐにペニスを取り出します。ふたりきりになった途端に変貌する男みたいな気がして少し心配になりましたが、私は言われるまま仁王立ちフェラを実行しました。

すると、数秒も経たないうちにボンは私の後頭部を両手で押さえつけて、いわゆるイラマチオを強行します。もちろん私は初めての経験でした。喉の奥に何度もペニスが突き刺さり呼吸ができなくなりましたが、ボンは一向に気にする気配はありません。

「ぶはっ！　ちょっと、息ができないじゃないですか！」

必死の思いでペニスを口から出した私は叫びます。しかし、ボンは無言で私の後頭部を再び押さえつけてイラマチオを再開しました。根元まで差し込まれたため、喉が圧迫されて息ができません。一方、苦しいなかでも、私は喉でペニスの形状をはっきりと感じ取っていました。さらに、ペニスがムクムクとさらに大きさを増すのもわかりました。そのため余計に苦しくなります。やがて目から涙が流れてきました。

その直後、私が身体を激しくバタつかせるとやっとボンはペニスを抜いてくれました。しかし、かなり乱暴にベッドに押し倒されます。そして信じられないことに、マ

◯コにペニスを突き刺そうとしたのです。私は暴れて抵抗します。

ところがボンに両脚を押さえつけられていて身体を動かせず、遂にはペニスを挿入されてしまいます。当然マ◯コは濡れていなかったのですが、私の唾液でグチョ濡れのペニスを何度もマ◯コ表面に擦り付けられ、潤滑油代わりにされた挙句に突き入れられました。屈辱的でマ◯コもかなりの苦痛でした。亀頭が入り込んだかと思うと、ボンはさらに奥まで突き入れて腰を動かします。

強引に押し込まれたペニスにもかかわらず、私のマ◯コは次第に愛液を垂らし始めます。つまりマ◯コ自体は感じていたのですが、そのことが私の屈辱感をより強めました。そもそもこんなガールズバーでバイトしなければよかったと思いましたが後の祭りです。そう思っている間も、ボンの腰の動きはさらに勢いを増しています。

そして私は子宮の奥が苦しくなるような感覚を覚えました。ボンのペニスが子宮口にあたっているのです。またそそり勃ったペニスは膣内の上の壁を刺激していて、痺れるような感覚も同時にありました。悔しいけど、夫のペニスに突かれているときよりもはるかに感じると思いながら何度も何度もピストンされます。普通ならば、バックとか騎乗位とか、いろいろと体位を変えたりするものですが、ボンは正常位一辺倒。

二十分という短い時間のためほかの体位をやらないのか、正常位が好きなのかはわかりません。いずれにしても、私は屈辱感と快感に同時に襲われる展開でした。

そして数分後、激しい出し入れが少しスローになります。

「ココアちゃん、大変だ！　マ〇コの中の具がハミ出してるよ。ちょっと激しく動かしすぎちゃったかな。ごめんね……」

私はつい結合部分を見てしまいましたが、ボンが言うようにたしかに何やらハミ出していています。思えば、こんなに激しくペニスを出し入れされたことはありませんでした。もしもマ〇コが壊れてしまったら、夫になんて言い訳すればいいのだろうか、子供が欲しいのに大丈夫だろうか、そんなことを考えていたら急に悲しくなり、また涙がこぼれました。

「マ〇コ壊れちゃうよ！　どうしてくれるの！」

私が泣き顔で責めるとボンは困ったようなめんどくさいような顔をしました。

「ボクと結婚すれば大丈夫だよ。それとも愛人とかどう？」

さらにそんなことを言いながら、また再びペニスの出し入れをスタートさせます。

「ねえ、もういいでしょ！　二十分経ったんじゃない」

マ〇コに苦痛を感じていた私は叫びました。すると、突然ボンの動きが止まり、マ〇コのなかが生温かくなる感覚があります。もしかして中出しされたのではと私は仰天します。

「なんで中に出すのよ！　そんなの聞いてないわよ！　どうしてくれるの！」

私はありったけの大声で叫びましたが、ボンは一言。

「出してない。これはガマン汁だよ。ボクは遅漏だから二十分じゃムリなんだ」

股間をあらためて見た私に、白く濁ったザーメンを吐き出すマ〇コが目に飛び込んできました。

「あ、これ？　大丈夫、ボクのガマン汁は白いんだよ」

とぼけるボンに構わず私は、すぐにシャワー室に向かいます。そしてマ〇コ内部を丁寧に洗ってザーメンを洗い流しました。

この日、私は高額なバイト代を受け取ったのですが、妊娠していたら目も当てられません。結局、この日でガールズバーを辞めました。バイトを辞めた私は毎夜自宅にいるので、週に何度か夫と交わります。その都度、ボンを思い浮かべて比較してしまいますが、ボンとのセックスのほうが圧倒的に快感でした。

第三章
至高の悦楽は、歪んだ性嗜好と共に

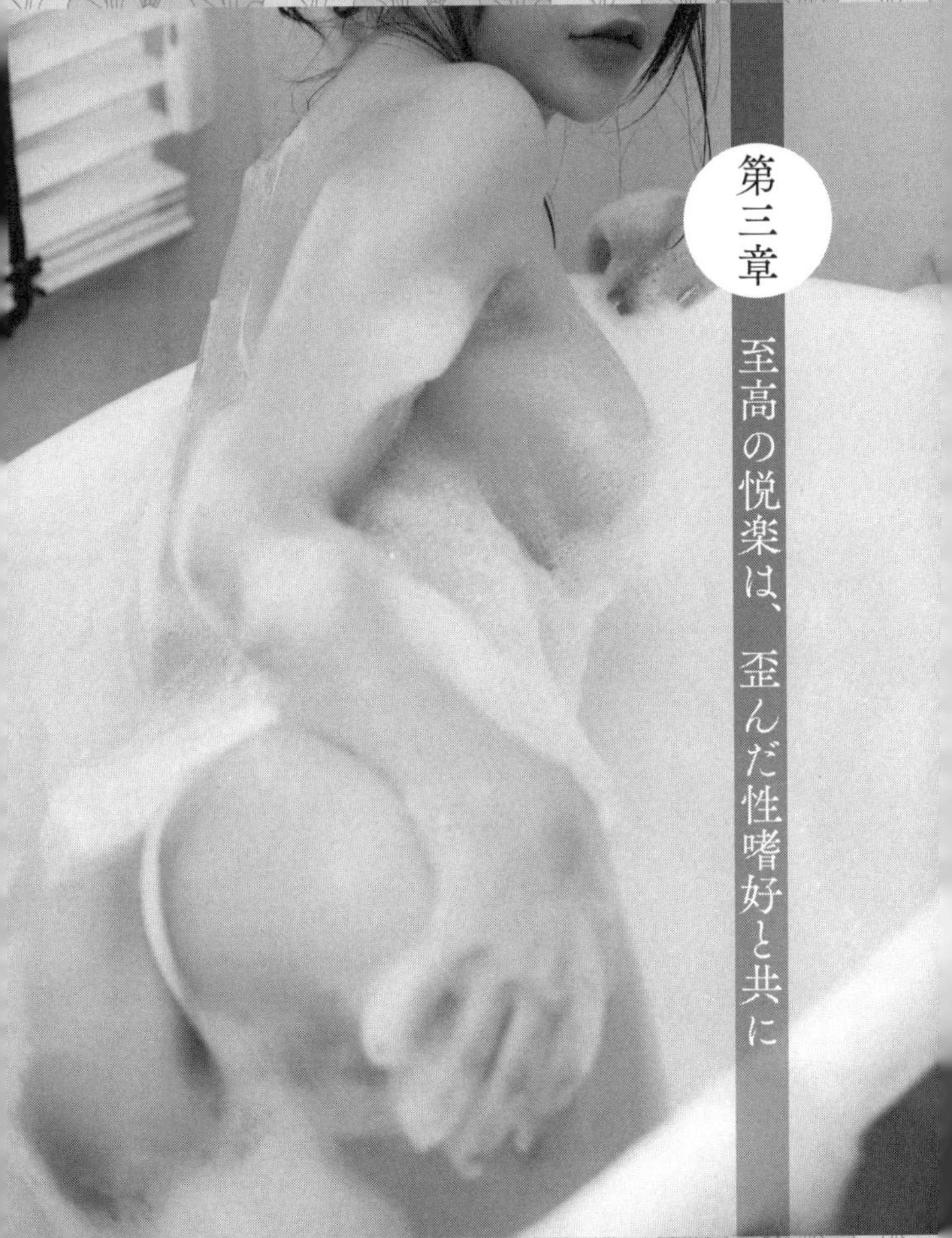

●有線放送のリクエストで知り合った短大生と古書店内でセックス

うら若き女性客に下半身を弄ばれた古書店主人の懺悔

【告白者】遠藤勝生（仮名）／34歳（投稿当時）／無職

当時、私は地方の国道沿いで古書店を経営していました。最初のうちはお客はまったく来ませんでしたが、開店してひと月も経つと、一日に十人程度は来るようになりました。徐々にお客さんが増えている傾向はありましたが、それでも平日の昼間などはおそろしくヒマです。いちばん忙しいのは買取があったときなのですが、買取希望のお客さんはほぼ皆無で、ただ座っているだけの日もめずらしくありませんでした。

ところで私の店は有線放送を契約していました。そのため店内には常に音楽が流れています。あまりにヒマだったこともあり、私はよく有線放送の案内に電話をかけてリクエストをしていました。

一日に二、三回もリクエストすることも多かったのですが、オペレーターはいつも同じ若い女性でした。オペレーターの女性も、毎日リクエストしてくる同じ人がいるということは認識していたようでした。いまはどうなのかわかりませんが、当時は有線放送は地域ごとに運営されていて、私のリクエストの対応をするのは、一括の受付センターではなくて、私の古本屋がある地域の有線放送の事務所のようでした。

そのため、私の店とそれほど離れているわけではありませんし、受付業務をやっている女性も地元の人間でした。毎日、オペレーターの女性と少しずつ会話するなかで、それらのことがわかったわけです。

毎日、毎日、話をしますから親近感が生まれて、世間話だけでなくかなり突っ込んだ話もしました。若い女性は、近くにある商業系短大の学生ということで、初美さん（仮名・20歳）という名前でした。

その頃、私には妻がいました。学生時代に知り合って卒業後に結婚したのですが、衝突が絶えませんでした。というのも、妻の反対を押し切って勤めていた会社を辞めて、古本屋を開業したからです。少しばかりの退職金が開業資金に消えてしまったのも彼女の不満でした。

古本屋は昼の十二時から夜の十時までにしていたのですが、妻と顔を合わすのが嫌な私は、自宅がそこそこ離れていたことや、また開店したばかりで仕事に追われていることを理由に、店に泊まることもしばしばありました。

ほかに話す相手もなかった私は、妻との関係を含めた自分の不満を、年下でしかも学生の初美さんに聞いてもらっていました。一方の初美さんも、最近彼氏と別れたらしく話し相手を求めていたとのこと。彼女にしてみたら、私は年上で立派な大人に思えたのでしょう。恋愛相談に乗ってあげたりもしました。

そんな状態が二ヶ月くらい続いたでしょうか。古本屋はなんとか軌道に乗りはじめ、一週間の売上が十万円を超えることもありました。ただ、そのレベルでは家賃と光熱費や仕入れの経費を差し引いたらトントンで、私の取り分はほぼ残りません。

とにかく誰でもいいから店に来て欲しかった私は、初美さんに友達を連れてお店に来て欲しいということを再三頼んでいました。初美さんは最初は空返事でしたが、ある日、リクエストの電話をした後で、次の土曜日にお店に行くと約束してくれたのです。

実は、私の古本屋から車で二、三分のところに若い女性が喜びそうなイタリアンレストランがあり、連日賑わっていました。初美さんはそこでランチをするついでに私の店に足を運んでくれるとのことでした。このとき私は、お客がひとり増えるかもということよりも、電話でしか話をしたことがなかった若い女の子に会えるのが嬉しくて、まるで初恋のときのようにドキドキとしていました。

「こんにちは。有線放送の遠藤初美です！」

約束の時間の午後二時頃、店のドアを開けた彼女が、私が座っている前に立ったのです。初美さんは思っていたよりも長身の女の子でした。白いブラウスに、ふんわりとしたスカートという服装です。けっこう大人びて見えて、短大生というよりは、勤務二、三年目のＯＬみたいにも見えました。

初美さんは将来、税理士を目指しているとのことでしたから、税務に関する本を事前に五冊ほど準備していました。資格試験に関するような本はほとんど売れないため、プレゼントしようと思ったのです。

「ああ、どうもありがとうございます！　あと、ちょっと小説が欲しいな」

そういうと初美さんは店内を物色し始めました。

「どんなのが好きなの？」

私が背後に立ってたずねました。

「外国の推理小説です。あ！　これとかいいかも」

そういうと、一冊の文庫本を手にします。

「好きなの持っていっていいよ。外国の小説とか、ほとんど売れないから」

「いえ、中身見て面白そうだったら買いますね」

初美さんの笑顔を見て、すごく良い娘だなあと思いました。このとき、私は下心があったのかもしれません。立ち読みだと疲れるからという私の提案で、バックヤードに案内し、私が寝泊まりするときに使うソファーを使ってもらうことにしました。

「それからトイレそこにあるから。いつでも使って」

トイレの場所を教えてから私は店内に戻ります。土曜日ということで、お客さんはそこそこ入っていました。その間に、買取依頼の持ち込みもあり、初美さんがバックヤードにいることを忘れてしまうこともありました。

買取の査定も終わり、お客さんもまばらになってきたころ、あまり気配がしないので心配になった私は、バックヤードに行きました。すると初美さんがソファーに座り、可愛らしい寝息をたてています。私は彼女を起こさないようにゆっくりと近づき、床に落ちていた外国の推理小説を拾い上げて近くに置きました。そして私がいつも使っている薄手の毛布を掛けてあげて、また店内にもどりました。

店内にもどる前、ちょっとしたイタズラ心から、私は初美さんの寝顔に近づき、すぐ近くで匂いを嗅ぎました。若い女の子特有の爽やかな香りが漂ってきます。

そういえば妻と最後にセックスしたのはいつだっただろう……そんなことを思いながら初美さんの寝顔を見ていた私は、下半身が反応するのを感じていました。こんな若い女の子とセックスできたら最高だろうなあなどと思ったわけです。初美さんの無防備な様子を見て、もしかしたら下半身も無防備かも……という期待もありました。

それからまた、一時間くらい経ったころでしょうか。バックヤードでガタゴトと音がします。どうやら初美さんが目を覚ましてトイレのドアを開けたようでした。

その約五分後、「あの、すいません、ちょっと……」と初美さんの声が背後から聞こえました。

「すっかり眠ってしまってごめんなさい」

振り向くと、初美さんは困ったような表情をしています。

「ぜんぜんいいよ。お店はそんなに忙しくないんだから。まだいてもいいんだよ」

私がそういうと、初美さんが声のトーンを落として話してきます。

「さっきトイレ使わせてもらったんですが、……水が流れてこないんです」

店のトイレはとても古い水洗で、水の流れが悪いうえに、背後にあるタンクがよく詰まります。私は初美さんに大丈夫と告げて、いっしょにトイレを確認しに行きました。

「タンクのなかに浮き輪みたいなのがあるじゃない？　あれが下に下がったままで動かないときがあるんだよね。そうなると、タンクに水が溜まってないから、レバーを動かしても流れないいんだ」

そういいつつトイレのドアを開けました。まず、タンクのフタを開けて浮き輪を元の位置に戻します。するとタンクのなかに水が溜まりはじめました。タンクにある程度水が溜まったあとで、レバーを動かせば便器内に水が流れるようになります。

このとき、便器のフタは閉じられていました。私はタンクに水が溜まるのを待ちながら、なんの気なしに便器のフタを開けました。

「あ！　そこは！」

その瞬間、背後で覗いていた初美さんが悲鳴をあげました。

便器内には、やけに黄色いおしっこが泡立っていました。初美さんが悲鳴を上げたのも当然です。若い女の子が排泄物を見られたのですから。元々、多少は水が溜まっていたとはいえ、おしっこの濃度は高く泡がまだ動いていました。そして初美さんが股間を拭いたであろう、トイレットペーパーが沈んでいます。

「大丈夫、大丈夫、ほらこうして。もう水が流れるから」

そういうと私は、レバーを動かして水を流します。初美さんのおしっこは勢いよく、便器の奥に吸い込まれていきました。このとき、私は初美さんの排泄姿を想像して、興奮していました。

「しばらく寝てたから、喉が乾いたでしょう？　いま飲みものあげるから」

私は買い置きしていたペットボトルの緑茶をわたします。

「あ、ありがとうございます」

おしっこを見られた恥ずかしさからでしょう、初美さんは顔を赤らめていました。

「さあ、飲んで！　あんな濃いおしっこ出してるのは水分が足りないんだよ。それに、まだいてもいいんだよ。ゆっくりしていきなよ」

悪気なくいったつもりでしたが、初美さんはさらに顔を真っ赤にしてうつむいてしまいました。悩ましい初美さんの顔を見た直後、私は、欲望をかろうじて押さえていた理性が弾け飛んでしまっていました。

「妻とずっと喧嘩してて身体の関係がぜんぜんないんだ。初美さんもちょっとはその気があったんだろう？　すぐに済ますから頼むよ！」

私は初美さんをソファーに押し倒し、服を脱がそうとします。しかし、いまはまだ店が営業中です。もしもお客さんが入ってきたら……。そう思った私は、すぐに店内に戻り、店のシャッターを閉めました。今日はこれで閉店しようと思ったわけです。

理性が弾け飛んでしまうほど興奮している一方で、店のことを冷静に考えることができたのと、ラッキーなことに、たまたま店内にお客がいなかったことで、私は、今日はイケる、つまり初美さんをモノにできると思いました。

「いま店を閉めたよ。もう誰も来ない。ゆっくり楽しもう！」

初美さんは、私が押し倒したままの状態でソファーに転がっていました。

「おとなしくしますから、乱暴にしないでください。……いちどだけって約束してくれますよね？」

そして初美さんは自分から服を脱ぎ始めました。私もムリヤリは嫌いですから、願ったとおりの展開です。初美さんは、私に背中を向けて服を脱いでいます。若い肉体は想像以上にハリがあり、またヒップはプリプリでした。

「最近、別れた彼氏といつもどんな感じのセックスしてたの？」

「え？　普通です……舐めたり、舐められたりから始まって……それから……」

私は初美さんの答えを待たず、彼女をこちらに向けてディープキスしました。拒否するのかと思ったのですが、私が刺し込んだ舌に彼女が舌を絡めてきます。

私はしばし、初美さんの唾液を堪能しました。寝姿から放たれていた甘い香りが口内にも漂っているかのようで、心地いい快感が私の下半身に走りました。キスをしながら、私も服を脱いで全裸になりました。初美さんのマ○コを見たくなり、再び彼女をソファーに倒して、シックスナインの態勢になりました。

少なめの陰毛をかき分けてたどり着いたマ○コは、肉ビラがややハミ出しています。初美さんの清楚な感じからは少しかけ離れたエロいかたちと色艶のマ○コでしたが、それが逆に私の興奮をさらに高めました。

指を入れてしばらくかき回したとき、初美さんの唇がチ○ポに触れました。

「だって……マ○コいじられたら、しゃぶりたくなるの当然です」

そしておしゃぶりが始まります。私はさっき、「初美さんもちょっとはその気があったんだろう?」と脅かしのつもりで言いましたが、まさか本当にそのつもりだったのかと驚いていました。それほど彼女が積極的に動いたからです。

初美さんは、チ○ポを根元まで咥え込み、口のなかで亀頭に舌を這わせています。

私も負けじと、マ○コのなかの指を激しく動かし、さらにはクリを舌先で刺激しました。

「ああ！　もうガマンできない！　オマ○コに入れて下さい！」

叫び声に近いような大きな声でした。私は初美さんのマ○コをまだ責め続けたかったのですが、そこで起き上がり、正常位で挿入しました。

「思ったとおり、やっぱり大きい！」

初美さんは、みずから腰を激しく動かして奥深くにチ○ポを誘導しようとします。

「初美さん、あんた相当なドスケベだったんだな」

「ハメながらキスして！　さっきみたいなディープなのがまた欲しい」

彼女は下から手を伸ばして私の身体を抱きしめて唇を重ねてきました。そして舌を絡ませます。唾液交換が続いているあいだ、初美さんのマ○コは凄まじいシマリをみせました。入口のほうが強く締まったかと思うと、次は奥のほうが締まり、その次は中間部分が締まる。名器に間違いありません。

しばらくチ○ポを出し入れしていると、彼女が信じられないことを発したのです。

「……しめて……」

「え？　なに？」

「首絞めて……チ○ポ突きながら首絞めて」

とんでもないことになってきたぞと思いました。しかし私は彼女の要求に従います。

「そう！　ちゃんと力入れて！　そうするとマ○コ締まるでしょ」

たしかに首を絞める手に力を入れると、マ○コが締まります。

「ううう！　んんぐ……」

声が出せないようですが、恐ろしく感じているのははっきりわかります。それよりも、名器なうえにシマリが良くなっていますから、私はもう限界でした。

「もう限界！　もうイキそうだ」

私が射精が近いことを告げると、彼女は首を絞めている私の手を振り払いました。

「ダメよ！　もっと楽しみたいんだから……まだ出さないで！」

しかし、そうしているあいだにも、精液がチ○ポにせり上がってくる感覚がありま す。と、ここで彼女は四つん這いになりました。チ○ポが自然とマ○コから抜き取られます。

「体位変えたらまだ大丈夫でしょ？　後ろから入れてみて」

最初のころの〝ですます〟調はすっかり消え失せていて、カラミは彼女主導で続いています。エロ漫画とかでよく女が豹変する展開がありますが、まさにそんな感じだなと思いつつ、四つん這いになっている彼女のマ〇コにチ〇ポを突き刺します。

突き刺す直前、マ〇コから私のガマン汁と彼女のマン汁とが混合した白い液体が滴り落ちてきました。その液体をチ〇ポで再びマ〇コ内に戻しながらのピストンです。しかし、四往復ほどでまたしても精液がせり上がってくる感覚に襲われます。もう射精をガマンできそうにありません。

私は今度は初美さんにそれを告げずに、高速で突きまくったあと、マ〇コ内に思い切り発射しました。ドクドクと精液が注ぎ込まれるのを膣内で感じた初美さんは、「ああ！　出てるぅ！　もうちょっと突いて欲しかったのに……ヤダもう」と叫びつつ、腰をガクガクと動かしています。

こんなに気持ちがいい射精は久しぶりでした。その余韻に浸っているあいだも、マ〇コはウネウネと動いています。残らず搾り取るかのようなヒワイな動きでした。

数分後、私はやっとチ〇ポを抜きました。すると、彼女が身体をこちらに向けます。

「ねえ、吐き出すとこ見せたげる」

そういうと、和式トイレで用を足すような格好でしゃがみ込みました。直後、グチョグチョになったマ〇コから、精液がトロリと垂れ落ち、その後で、爆音とともに精液の大きな塊が排出されました。

「うわ！　すごい。おじさん、かなり溜め込んでたね」

話し方や話す内容もふくめて、おしっこを見られて顔を赤らめていた同じ人物とは到底思えませんでした。しかし、そのことで私は萎えることなく、チ〇ポがボッキし始めます。なぜなら初美さんがチ〇ポを咥え込んだからです。

「お掃除したげるね♪」

そして根元まで咥え込み、精液を吸い出すことと同時に、サオ全体に舌を這わせて、残り精液を舐め取っていきました。お掃除フェラをされたことなど初めてだった私は、チ〇ポがさらに大きくなっていきました。

「ねえ、またボッキしてきた。今度は別の格好で入れてもいいかな？」

「いいよ。でもその前に、両手縛って欲しいの」

もちろん私は、彼女の要求に応えるつもりでしたが、縛るものがありません。考えた挙句、段ボールをまとめている紙ヒモを使うことを思いつきました。古本屋なので、段ボールやそれを縛るヒモもたくさんあったのです。

そして私は、初美さんにいわれるまま、両手を後ろ手で縛ります。さらにそのうえで、おっぱいの上下にもヒモをまわして両手を縛ったヒモと繋ぎ固定しました。

「縛られるとすごく感じちゃうの。もうマ○コが濡れてきちゃった……ねえ、またしゃぶらせて！」

そしてまたおしゃぶりが始まりました。今度は膝立ちの初美さんの口元にチ○ポを持って行っての仁王立ちフェラです。私のチ○ポは彼女の唾液でドロドロでした。

「今度はどんな格好で入れて欲しい？」

私の問いかけを受けた初美さんは、「寝転がって！　そのうえに私が乗っかるから」といってガマン汁をすべて舐め取りました。

初美さんのリクエストに従い、次は背面騎乗位です。私は彼女の縛られている両手を右手でつかみながら下からチ○ポを突きあげました。そして左手でヒップを強くつかみます。変形のロデオみたいな感じでしょうか。

「すごくいい！　ねえ、お尻叩いて！」

肉感的なヒップを左右にぶるぶると動かしながらそんな要求をしてきました。

「はやく叩いて！」

彼女の大きな叫び声に背中を押された私は、いわれるまま尻を叩きます。力を入れ過ぎると痛いかもしれないと思い、最初は遠慮がちに叩いていたのですが、「もっと強く！」と何度もいわれてしまうものですから、最後には勢いをつけて思い切り叩いていました。

初美さんの両手を押さえていた私の右手を離し、左手と右手の両方をつかい、左右のお尻の肉を力任せに叩きました。何回か叩くと、お尻が真っ赤に腫れ上がります。そしてお尻を叩くたびに、マ○コが締まる感覚がありました。

「ああ！　最高！　すごくいい！」

凄まじく興奮している初美さんは、何回目かの尻叩きのあとで、身体を大きく背後にのけ反らせて、私のほうに倒れ込んできました。そのあと、倒れる角度がさらに広がり、私の顔の横に彼女の顔がくるほどののけ反り具合です。

初美さんの荒い息づかいが間近で聞こえます。目は少し開かれていましたが、覗き込むと焦点が定まっていない感じに見えますし、口元からだらしなく唾液を垂らしています。そして小刻みに痙攣していました。

しばらくその状態でつながっていたのですが、数分後に初美さんが身体を起こしました。そしておもむろにまた腰を動かし始めます。

「よかった……おじさんがまだ出してなくて。今度もまたマ〇コのなかに出していいよ」

そういうと、今度は彼女の腰が、上下運動から回転運動に変わりました。私もそれに応戦するかたちで何度も突きあげます。

「さっき一回出しといてよかったよ。今度は少し長持ちしてるから」

「おじさん！　手が留守になってる！　さっきみたいに、暴れ馬を調教する感じでして！」

私は初美さんの拘束された両手をまた右手で持ち、ピストンを繰り返します。

「おまえは、どうしようもない淫乱娘だ！　っていって罵倒して！」

「インランな女はお仕置きだ！　マ〇コにザーメンをぜんぶ出してやるっていって！」

「お前のおしっこはとんでもなく臭かったぞ、っていって！」

初美さんは、立て続けに要求を繰り返して腰を激しく動かしました。

私はふたたび、精液がせり上がってくる感覚を得て、彼女の両手を縛っている紙ヒモを強く引きました。

その直後、紙ヒモが切れてしまいます。もともとそんなに強度がないヒモですから仕方ないとはいえ、それを合図にしたかのように、チ〇ポから大量の精液が放たれました。今度もマ〇コの奥に吸い込まれていく感覚があります。何度目かの脈動のあと、初美さんはまた身体をのけ反らせて、私のほうに倒れ込んできました。

「すごい、よかった……。ほんとはもう一回したいけど、今日はもう帰らなくちゃ」

初美さんはそういうと、静かに起き上がり服を着始めます。

「ねえ、おじさん、また来てもいい？」

「もちろんだよ。オレの身体もつかなあ（笑）」

服を着ると、最初に見た清楚な感じの彼女が戻ってきました。

「じゃあ、また来るね。それまでこれ借りるね」

といって、海外の推理小説をカバンに入れました。

「ちょっと、思ったんだけどさあ、前の彼氏と別れた原因って、初美さんがスケベすぎたからじゃないの？」

「あ、わかった？　草食系っていうの？　同い年だったんだけどギラギラしてないっていうか、エッチにあんまのってこないのよねえ。首絞めて！　とか、縛って！　とかいわれるのもムリだったみたい」

そして初美さんは帰っていきました。

それから二ヶ月のあいだに、私たちは週に何度も交わりました。若い女の子の肉体の魅力には抗えず、彼女が来るたびに店を閉め、店内で交わります。また、ラブホを利用することもありましたが、いずれにしても店は閉めて出かけます。

そのあいだに、お客さんが来ても店が閉まっているので帰ってしまいます。そんなことが重なったせいで、客足はすっかり途絶えてしまい、赤字を抱えたまま店を閉めることになりました。

妻の怒りはさらに激しく、自宅に私の居場所がないどころか離婚の話も出ています。初美さんと続いていればまだよかったのですが、彼女はもっと刺激的なことをしてくれる相手を見つけたのか、最近はまったく連絡が取れません。

ちなみに、私が古本屋をやっていた場所ですが、この前、たまたま近くを通ると不動産屋が入っていました。

●大企業重役夫人になった同窓生に夜のゴルフコースで背徳アプローチ

昔の片思い相手にロングシャフトでホールインワン！

【告白者】石川晋呉（仮名）／32歳（投稿当時）／ティーチングプロ

私は都内のあるゴルフスクールでレッスンプロをしています。

大学時代はゴルフ部に所属しツアープロを目指しましたが、怪我で夢を断念。今はゴルフ用品メーカーに勤めながらコーチをするというお決まりのパターン。プロゴルファーのような名声はありませんが、この生活もなかなか気に入っています。うちのスクールは教え方が上手いと評判らしく、女性から人気があります。おかげで、私もたまに淫らな「十九番ホール」を楽しめますから（笑）。

スクールを絵里が訪れたのは三ヶ月前のことでした。絵里は大学時代の同窓生で、ミスキャンパスに出場経験のあるマドンナ的存在。数回飲みに行ったことがあるだけの関係でしたから、再会したときには驚きました。

「やっぱり石川さんだ。ここでゴルフの指導をしているのね」

彼女は当校のサイトで私の写真を偶然見つけ、レッスンを受けにきたのでした。

「久しぶりだね、佐々木さん」

「今は結婚して『神崎』。それに、呼び方は昔みたいに絵里でいいわよ」

絵里の美貌は相変わらず、十年前のままでした。いえ、年齢を重ねた分、大学時代よりもふっくらと肉が付き、色気が増しています。

聞けば彼女は既婚者で、有名な某大手企業の重役夫人に収まっているのだとか。

「学生時代からキミは美人だったからね。玉の輿に乗るんじゃないかと思っていたよ。まったく、こんな綺麗な奥さんを持った旦那が羨ましいな」

「うちは年の差婚なのよ。旦那は私よりも20歳以上も年上。だから、夫婦仲なんてもうとっくに冷めているわ」

彼女はあけすけにそう言い放ました。

「このゴルフスクール、女性の生徒さんが多いそうね」

「ああ、うちは完全マンツーマンレッスンが売りだからね。それに、生徒がコーチを自由に指名できるのが人気みたいだ」

私たちは早速、練習場に移動し、レッスンを開始しました。個人レッスンなので、練習は二人きりです。個室のように区切られた練習場には、大型スクリーンを備えた高性能ゴルフシミュレーターを始め、最新鋭の設備が整っています。

「じゃあ、まずこんな感じで、半円を描くように振ってみて」

私が手本を見せると、彼女はアドバイスの通りにスイングをしました。

「当たった！　軽く振っただけなのに真っすぐ飛んだわ。どう、私のスイング？」

「うん、なかなかいいね。でも、もう少ししっかりとお尻を突き出した方がいいかな。一度、ボールなしでゆっくりとスイングしてみようか」

「こんな感じでいいのかしら」

絵里は真剣な表情を浮かべて、素直に指導に従います。私はスイングを見る振りをして、ゴルフウェアに身を包んだ彼女の肉体を改めてまじまじと眺めました。ミニのフレアースカートからむっちりした白い太腿が覗き、今にもパンティが見えそうです。バストは、肌にぴったりと張り付いた薄いポロシャツの上からも肉感的なシルエットがわかります。以前よりサイズアップしているのは明らかでした。

「そうそう。肩に力が入っているね。リラックスして」

「は、はい……」

絵里の腕を掴んで、ゆっくりとバックスイング。前屈みになると、胸元から豊満な谷間が覗いてたまらなくセクシーです。

「もう少し脇を締めて。モニターを見ながらこの肩のラインと胸のラインを……」

クラブを横にして、肩にあてた後、胸元にあてがいます。

「二の腕も締めて、三角を意識して。そう、いいね」

次は絵里の背後に回り込んで、スイングのときにスウェイしないよう腰に手を添えました。股間に絵里の生々しいヒップが密着します。その状態でスイングするたびに尻肉が擦れるものですから、私の肉棒は心ならずもむくむくと膨らんでしまいました。硬いペニスの感触に気付いた絵里は、悪戯っぽい笑みを浮かべています。

「ええと、アドレスはこんな感じかな。気になるのは、打つ時に重心が下がることと、腰の移動に無駄があることだね」

「どうすれば直せるの？　教えて……」

絵美がさらに臀部をグリグリと私の下腹部に押し付けてきました。運動をしたせいか顔は上気し、肌にはしっとりと汗が浮かんでいます。いえ、汗ばんでいるのは運動のせいだけではないでしょう。軽く喘ぎ声も漏れていました。

（これは……もしかして、誘っているのか？）

「では、アドレスの姿勢を取ってみて」

クラブで絵里の内腿を小突いて、脚を軽く開かせました。そして、クラブの先端がちょうど陰核のすぐ真下の位置にセットしました。クリトリスに触れるか触れないかというギリギリのポジションです。

「この状態で重心を固定して振ってみて。重心が下がると、絵里のスイートスポットにクラブが当たってしまうからね。僕が編み出した特別なレッスンだ」

絵里はクラブを振りかぶりました。その瞬間、ヘッドがクリに触れてしまいました。

「ひゃぁんっ！」

「駄目じゃないか。もっと集中しなくちゃ」

「んっ、は、はい」

「バックスイングではやや右足に体重を乗せるから、クリの左側に当たる。そして、インパクト時に重心はやや左。クリは右側が刺激される。この感覚をしっかりと体に覚え込ませておくのが上達のコツだよ」

絵里に再度スイングをさせ、姿勢をチェックしました。体を捻るたびに、クラブが股間にめり込みます。レッスンを続けていると、股布は湿り気を帯びて、クラウンがぬるぬるしてきました。上達している証拠です。

「だいぶ感覚が掴めてきたようだね。さすがに絵里は飲み込みが早い。疲れただろう、ちょっと休憩を兼ねて、今のスイング動画をチェックしてみようか」

シミュレーターの大スクリーンに、動画を投影してやりました。映像には絵里が股間をクラブに擦り付けて悶絶する姿が映し出されており、前からと横からのアングルを二画面同時に見ることができます。スイングに揺れる爆乳、ピクピクと痙攣する股間。恥ずかしい姿をドアップで見せ付けられ、絵里の顔は真っ赤でした。

「見てごらん。腰のグラインドなんて完璧だ。やっぱり絵里は筋がいいね」

「そんな……あなたの教え方が上手いからだわ。ねぇ、また指名してもいいかしら」

「もちろん。特典として、次回からは割引サービスしてあげるよ」

それからというもの、彼女は週二回ペースで通ってくるようになりました。そしてめきめきと上手くなっていったのです。

彼女が当スクールに正式入会して一ヶ月後が経ちました。

「絵里、そろそろコースデビューしてみないか？」

私は彼女にラウンドすることを提案しました。通常、ゴルフは４名でパーティーを組みますが、今回は2サム、つまり二人一組の特別編成です。

「ゴルフ場の開放的な空間でプレーするのは気分がいいぞ」

「そうね。あなたと一緒に回るなら、やってみようかな」

週末、私は絵里を連れて、予約をしておいたS県の会員制ゴルフ場に行きました。ナイターなので、開始時刻は午後三時。その日は私たち以外にほとんどパーティーがおらず、ほとんど貸し切り状態でした。

絵里はカジュアルなゴルフウェア姿で現れました。鮮やかな薄ピンクのポロシャツに白のミニスカートとハイソックスを穿いて、髪の毛をポニーテールに巻いた頭にはサンバイザーを着用しています。太陽の下で見る絵里はいつにも増して眩しく、私はまたもペニスがズキズキと疼くのを感じました。

「ボールがそれてしまうかもしれないけど、その時は助けてね」

「オーケー。思い切って振っていこう」

まずは第一打。絵里のティーショットです。絵里が美しいフォームで3番ウッドを振りかぶりました。

「ナイスショット！」

練習で教えた通りの完璧なスイングです。その後も順調にラウンドを回り、ハーフラウンドを終えた頃には周囲が薄暗くなっていました。

10ラウンドの第三打目。少し疲れが出てきたのか、絵里が突然乱調になりました。シャンクになった打球が、あさっての方角に飛んでいきました。

「フォアーッ！」

大声で叫びながら打球の行方を目で追うと、ボールはフェアウェイを大きく逸れて、林の奥へと飛び込みました。絵里は慌ててボールを探すため林に入っていきました。私も急いで後を追い掛けます。

「あーあ、やっちゃったわ。どこに行っちゃったのかな」

林の中は一面に樹木がうっそうと生い茂り、草に覆われています。そこを照らしているのは照明灯のこぼれた光だけ。ゴルフボールを見つけるのは困難です。通常ラウンドなら「ロストボール」。しかし、今回はレッスンの延長みたいなものなので、スコアは気にしないことにしてボール探しを手伝ってやりました。

「ごめんなさい。私のせいでプレーを中断してしまって……」

絵里は責任を感じているのか、半泣きのような表情です。

「大丈夫だよ。一個ぐらい失くしてもプレーには支障ないから」

私はそう言いながらも、絵里の困惑した顔に欲情していました。

「駄目です。私がちゃんと探しますから」

絵里はゴルフクラブで手探りしながら、草むらを掻き分けています。汗でシャツはへばりつき、屈んだ背中にブラの影が浮かんでいます。無防備なヒップはスカートがひらひら捲れるたびに純白のパンティがチラ見えして、なんとも卑猥です。

「あれかな。何か丸いモノが見える」

絵里が不意にしゃがみ込みました。股間は完全にパンチラしていましたが、彼女はボール探しに夢中でそんなことも気にならないようです。

「どれどれ、どこかな」

私はボールを見る振りをして絵里の背後に回り込み、前屈みになりました。

「うーん、暗くてよく見えないな」

ぐっと身を寄せてさらに近付き、ほとんど覆い被さる態勢になりました。肉付きのいいお尻に股間が密着しています。私はそのまま腰を前後に動かし、股間をスカート越しにぐりぐりと擦り付けてやりました。

「ちょっとぉ……なんかお尻に当たっているけど」

絵里は困惑した素振りを見せました。

「絵里が探していた玉は、もしかしてこれかな」

私は軽口を叩いて、絵里にガバッと抱き付きました。

「いや……だめよ、こんな場所でなんて」

一瞬拒もうとする絵里でしたが、本気で嫌がっているようには見えません。むしろ、こうなることをどこかで期待していたようでした。甘えるような仕草で、くねくねと悩ましく身をよじっています。

「これはペナルティーだよ。いや……というよりも絵里にとっては救済措置なのかな。だって、旦那とはずっとご無沙汰だったんだろう？」

私は絵里の身を起こして、目の前に樹木に手を付かせました。

「レッスン中も俺のチ○ポに色目を使っているのがバレバレだったじゃないか」

「ああ、恥ずかしい」

スカートを捲り上げて、尻を露わにしてやりました。湿ったパンティが食い込んでTバック状になっています。そのパンティも一気にずり下ろすと、オマ○コとアナルが丸出しになりました。秘唇にはラフのような陰毛が生い茂っています。

私は絵里の足下にひざまずくと、尻ベタを掻き分けて肉穴に顔を埋めました。

「いや、だめぇ、臭いよぉ？」

絵里が腰をくねらせて逃れようとしても、無視してクンニを続けました。もぞもぞと蠢く尻の動きに逆らって、奥へ奥へと舌を捩じ込んでやります。秘唇から放たれるフェロモン臭がツンと鼻を突きました。

「いい香りだよ、絵里のオマ〇コ。欲求不満な人妻の匂いだ」

「あふっ、そんな……んあああっ」

膣襞から熱いラブジュースがジュワッと一気に噴き出しました。

「あ〜あ、マン汁でミニスカートがびしょ濡れじゃないか。せっかくの新品のゴルフウェアが台なしだな」

そう言って、秘裂に人差し指を這わせてやりました。くちゅ、ずちゅっ……卑猥な音を立てて、溢れ出した恥蜜がみるみる太腿を伝いました。

「こんなにエッチな女だと思わなかったよ、絵里。こうしてお前のオマ〇コを拝めるなんて夢みたいだ。大学時代は指一本触れられなかったからな」

ぬかるんだ肉穴をちょっとなぞるだけで、ぬぷり、と指が吸い込まれてしまいます。私は指をフックにして、第二関節まで突き立てました。さらにもう一本、中指も……。そうして、肉ホールをぐちゃぐちゃに引っ掻き回してやります。

「ひゃあっ、あん、うぐっ」

必死に喘ぎ声を押し殺そうとしても、どうしても漏れてしまいます。林中に絵里のはしたない悶絶が響き渡りました。

「そうだ、もっと面白いことをしてやるよ」

私はゴルフバッグからミニドライバーを取り出しました。メタルウッド製で小さめのヘッドが使い勝手がいい愛用の一本です。

「な、なにをするつもり？」

ドライバーのヘッドを秘唇に押し当て、上下に動かしてやりました。

「このドライバーをバイブだと思ってオナってみろよ。旦那がかまってくれないのが寂しくて、どうせいつもマンズリしているんだろう？」

ヘッドの先端はツルツルして、丸みを帯びています。ほんのちょっと押し込むと、ドロドロに濡れた絵里のオマ〇コは難なくギアを飲み込みました。

「あうっ！」

そのまま小刻みに動かして、膣壷を撹拌してやります。ヘッドが出入りするたびに肉ビラが捲れ上がり、サーモンピンクの穴奥まで丸見えです。ぶちゅ……オマ〇コが卑猥な音色を立てて、白い泡を噴き出しました。

「ペナルティーのつもりが、お前だけ気持ちよくなっていたら本末転倒じゃないか。こっちも満足させてくれよ」

私はズボンのチャックを下ろして肉棒を見せつけました。男根はすでにギンギンに硬くなっています。

「レッスンを思い出して握ってごらん。まずはウイークグリップから」

絵里は言われた通りにペニスに手を添えました。左手は親指をマラの真上、そして右手はその親指を覆うように握ります。

「なかなかいいグリップだ。じゃあ、次はインターロッキングを見せてみて」

彼女が左手人差し指と右手小指を絡ませました。その状態で両方の手首を捻って、しなやかな手つきでグリグリとペニスをしごきたてます。絵里の指は私のカウパーでもうベトベトです。ストロークのたびに、にちゃにちゃといやらしい音がしました。

絵里の指にはチン汁がペースト状になってまとわりついています。

手コキを続けるうちに、絵里のハメ我慢も限界に近付いてきたようでした。

「お、お願い……ください……」

「何が欲しいんだ。はっきり言わないとわからないじゃないか」

私はチ〇ポをスイングしながら、絵里を焦らしてやりました。

「オ……チ〇ポを入れてください……」

絵里が消え入りそうな声で言いました。

「ん？　聞こえないよ。もっと大きな声で、はっきりと」

私は鬼コーチに徹して、彼女を厳しく叱咤してやりました。

「うう、オマ〇コにオチ〇ポを入れてください！」

「ようし、じゃあ、絵里のオマ〇コにカップインしてあげるよ」

絵里は力なく木にもたれかかっています。その片脚をぐいっと持ち上げて、立ったまま結合してやりました。不自由な体勢でのピストンですが、そのぎこちない感じがかえって興奮します。私は夢中で腰を振り続けました。

肉棒がニュプニュプと膣道に潜り込んでいきます。絵里のオマ〇コの締まり具合は最高でした。これまでスクールの女生徒を何人もつまみ食いしてきましたが、その中でも間違いなくトップクラスに入ります。

「あぅあぅ、あああぁ」

絵里が全身で悶え、喘ぎ声を上げました。柔らかな膣肉がペニスにまとわりついてきます。こちらも思わず声を上げたくなるような気持ちよさです。

私はズイズイと腰を前後に動かしました。ゴルフで言う「ボディターン」の要領で、体の回転を使ってペニスをスイングしながらグラインドを浴びせます。

パンパン、パンパンパンパンッ！

ゴルフ場に抽挿音が鳴り響きます。辺りは薄暗くなっていました。ナイターの照明は点いていますが、林の中はほぼ真っ暗です。

亀頭の先端をと膣の最奥までガンガン打ち付けてやりました。

「すごいインパクトだ。よほどチ○ポに飢えていたんだね」

私は息を弾ませて、絵里の耳元に囁きました。

「ああ、私も気持ちいい。こんなに逞しいオチ○ポ、久しぶりだわ」

絵里も悩ましい喘ぎ声を上げながら、腰を振り乱します。そのたびに亀頭が当たる膣内が角度を変えて、それが新たな快感となって迫ってきます。

私はもう汗だくでした。やがて、下腹部全体が強烈に痺れてきました。

「うおお、そろそろ出すぞ」

「ああ、中はだめぇ、外に出してぇ！」

絵里が哀願するように声を上げました。

暴発する瞬間に肉棒を抜こうとしましたが間に合わず、少し膣内にチョロしちゃいました。ペニスを引き離すと、鈴口から精液がポタポタと垂れ落ちて、絵里の足元の草むらに滴のようになっています。彼女は膣から溢れるザーメンで太腿をベトベトに汚したまま、ぐったりとしていました。

あれから二ヶ月、絵里との不倫関係はまだ続いています。野外セックスをして以来、絵里の性欲はますます旺盛になるばかり。今ではレッスン終了後はラブホに直行し、夜のホールインワンに励んでいます（笑）。

幸い、絵里の浮気は旦那にバレていません。絵里曰く、旦那は彼女がゴルフをすることを重役の妻に相応しい趣味だとむしろ奨励しているのだとか。そういうわけで、これからも絵里の十九番ホールをしばらく楽しませてもらうつもりです。

●〝父親〟をレンタルして式に臨んだ花嫁の肛虐劇

花嫁のアナルバージンを奪ったのは偽りの父親！

【告白者】村上理沙子（仮名）／28歳（投稿当時）／会社員

私の家族は母親と姉です。姉は嫁いでいて実家を離れていますが、私は母親と暮らしています。母子家庭というわけですが、以前は父親がいました。十五年ほど前に失踪して、いまでも行方知れずです。

十年以上も行方知れずなのだから、父親の死亡届を出してしまえばいいと私は思っていましたが、世間体を気にする母親は、父親は外国で暮らしているとご近所には話していました。死亡届も出していません。

父親がいなくなったとき、私は中学生で姉は高校生でしたから、母親は私たち姉妹には包み隠さず本当のことを話してくれました。とはいうものの、母親も父親が突然いなくなった事実しかわからず、いなくなった理由はわかりませんでした。

思えば、父親はとても優しかったけど気の弱い人でした。調理師をしていて、有名なレストランで働いてもいましたが、父親が勤めていたお店が立て続けに三つも経営難に陥り廃業してしまい、そのことを気に病んでいました。次の働き口を探していた矢先に失踪してしまったのです。

ちなみに母親は公立小学校の教師をしていました。そのため、仕事は忙しかったのですが収入は安定しており、父親が失踪したあとも、私たち姉妹は経済的な苦労をしたことはなく、大学まで卒業させてもらいました。教師だった母親は真面目で世間体を気にする性格でしたから、近所の人や学校の同僚に、父親のことを聞かれたときは、イタリアの三ツ星レストランで働いているとか、今度はパリに移ったなどといって、失踪した事実はずっと隠していました。

二年前でしたか、姉の結婚式がありました。母親は物凄く困ったと思います。その時はコロナ禍で父親はイギリスから戻ってこれないという理由で式は取り繕いました。いつの間にか、父親はイギリスのレストランで働いていることになっていました。

そして昨年、私はいま勤めている会社の先輩と婚約しました。来年には結婚式を控えています。母親はもちろん私の結婚を喜んでくれましたが、それよりも父親の件をどうするか頭を悩ませているようでした。コロナはある程度落ち着いていますから、コロナを理由に父親が帰国できないのは、今回は不自然だからです。

母親はもういいかげん父親の失踪を明らかにしたらいいと、私は思っていましたが、一方で、母親を不憫に思う気持ちもありました。しかし母親は、今回ばかりは、父親不在の理由が思い浮かばないようでした。

母親も先方の家族も納得するいい方法はないものかと考えた末に、たどりついたのがレンタル家族でした。レンタル家族についてのくわしい説明は省きますが、偽物の父親に結婚式に出てもらおうと思ったのです。

世間体を気にする母親は、私の提案をすぐ受け入れてくれました。姉は最初はしぶっていましたが、もしもバレたら私が責任を取るということで了解してくれました。

レンタル業者にネットでアクセスしてやり取りした結果、業者の営業の方と、父親になってくれる方と、私と母親の四人が、打ち合わせで会いました。

そして、一時的にではありますが、父親が戻ってくることになりました。レンタルをお願いした父親は増田さん（仮名）。もしも本当の父親がいま生きていたら55歳なのですが、増田さんも同じく55歳でした。私と母親の話を丁寧に聞いたうえで、増田さんは本物の父親に完全になりきります。

そんなわけで、無事に打ち合わせが終わり、あとは結婚式を待つだけになりました。

しかし、結婚式をひと月後に控えたある日、予想外のことがあったのです。

その日、私と母は、中心街近くのデパートに買物に行くことにしていました。なぜか母親は朝からそわそわしており、「理沙子！　お母さん、先に行ってるわ。○○デパートの入口で一時に待ち合わせしましょ」といって、先に自宅を出て行ってしまいました。私は戸惑いましたが、理由を聞いても先に済ませたい用があるというだけでした。

そして、約束の一時にデパートの入口で待っていると、母親が、レンタル父親の増田さんと現れたのです。ふたりは仲睦まじそうに手を組んでいました。

「お母さん？　どういうこと？」

「私が勝手にお願いして増田さんに来てもらったのよ。だって、いちど会ったきりじゃあ、結婚式の当日にうまくいくかどうか心配なんですもの」

一方の増田さんは、私に軽く会釈したあと、「そういうことですから」という表情。

「増田さん？　今日のことは事務所も了解済みなんですか？」

やけになれなれしいふたりを見て、心配になった私は増田さんにたずねました。

「理沙子！　結婚式のための予行練習でもあるのよ。今日は、増田さんじゃなくて、お父さんと呼びなさい！」

いくら父親代行を頼んだとしても、増田さんは赤の他人です。私は納得がいかないままでした。その日は、母親と増田さんの買物に私が仕方なく付き合うみたいな構図でした。でも、あんなに楽しそうな母親の姿は、ここ最近は見たことがないものでした。

「ねえ、あなた！　これなんかいいんじゃない？」

母親は、本当の夫のように増田さんに話しかけ、ネクタイを選んでいます。それを見た店員は、仲のいい夫婦だと、きっと思ったことでしょう。母親は増田さんにべったりでしたが、私は、増田さんのことを〝お父さん〟と呼ぶことはありませんでした。

そして、増田さんとデパートで別れた後、私と母親は口論になりました。

「どういうつもり？　増田さんに半日来てもらうだけでもお金がかかるのよ。今日みたいな何でもない日にレンタル家族を利用するなんて、信じられないわ。向こうはプロなんだから、お母さんが心配しなくても、きちんと父親をやってくれるわよ！」

「そうかもしれないけど……逆に私たちのほうが不自然でもいけないと思ってね」

「とにかく、増田さんに来てもらうのは、もう結婚式の当日だけにして！」

母親は一応は納得したようでしたが、その顔はどことなく寂しそうにも見えました。

そんなことがあってから、約二ヶ月が過ぎました。結婚式まではあと二週間です。

式場も決まり、案内のハガキもすべて送り、あとは結婚式当日を待つのみでした。この日、母親は地域の会合があって午後には戻ると言い残して朝早く外出しました。

とにかく用事もなかった私は、自宅でまったりと過ごしていたのですが……。

「ただいま～」

引き戸の玄関が開く音と、男性の声が聞こえてきます。母親が朝出かけたとき、私が自宅にいるため戸締りをしておらず、カギはかかっていませんでした。

慌てた私が玄関に向かうと、増田さんが靴を脱ごうとしています。

「今日は何ですか？　いきなり入ってくるなんて、非常識じゃありませんか！」

「お母さんに言われてさあ。じきに帰ってくるから待っててって」

増田さんはまるで本物の父親にでもなった感じで、私に話をしました。また母親が余計なことを……と思いました。

「母が帰るまで、ここで待ってて下さい」

私はとりあえず増田さんを応接間に案内したのです。私はそのとき、パジャマを着た寝起きのままの姿でして、下着はパンツしか身に付けていませんでした。それを増田さんに見られたことで動揺してしまいました。

休みでもあったので、母親が戻るまでパジャマ姿でいようと思っていましたが、そんなわけにいかなくなりました。自分の部屋に戻り、外出着とまではいきませんが、近所のスーパーにでも行くような服装に着替えます。

着替えていた私の背後で、廊下が軋むような音がします。それに加えて、なんとなく視線を感じました。私は慌てていたので、ドアをきちんと閉めていなかったのですが、振りかえるとドアが大きく開いていて、そこに増田さんが立っていました。

「きゃあ！　なんですか！」

「いやあ、トイレはどこかな？」

増田さんは悪びれる様子もありません。

「玄関を入ってすぐ左です。応接室の向かい側です」

しかし、増田さんはトイレに行く気配は見せず、着替えの途中の私を凝視しています。私は、このときブラとパンツという無防備な姿。しかもブラはホックをとめている途中でしたから、バストにブラを被せた状態で、その上から両手で押さえていました。

「いつのまにか、立派に成長したんだねえ。結婚式を前にお父さんは感慨深いよ」

「なに言ってるんですか！　はやく出て行って下さい！」

しかし、それを無視して、増田さんはブラを剥ぎ取ったのです。

「けっこうおっぱい大きいんだ！　Ｆカップ？　いや、もっとあるかなあ？　お母さんも巨乳だから、遺伝だね」

そう言って、おっぱいをガン見。直後に、私のパンツを下ろそうとします。

「やめて！」

私は抵抗しますが、恐怖で身体が思うように動きません。

「娘を嫁にやるんだ。相手様に失礼がないかどうか見ておかなくては……」

そして、私は自分のベッドに押し倒されました。上半身は完全に裸で、パンツは膝あたりまでずり下げられています。さらに両手を頭のうえで押さえ付けられ、両脚の間に増田さんの足が入り込み、身動きできなくさせられました。

「理沙子が着替える姿を見て興奮したんだよ！」

「あなた、奥さんも子供もいるんでしょ！　こんなことしたらあとでひどいわよ！」

「妻とは冷え切ってるし、子供たちも俺のことバカにしてるし……。でもあんたの母親との疑似夫婦がすごく楽しくて。ああ、俺にも本当の妻とこんなに仲いいときがあったなんて思わせてくれたよ」

そういう間にも、増田さんは私の乳首を吸い始めました。

「イヤだ！　私は娘なんでしょ？　娘に手を出すなんて最低の父親だわ！」

「あんたの母親は、もうおばさんだからな。やっぱり女は若いのが良いにきまってるさ。疑似近親相姦ってところだな」

私は嫌悪感しかありませんでしたが、それに反して乳首がボッキしています。それを増田さんに気付かれていると思うと、絶望的な気持ちになりました。そして私は足を激しく動かして、なんとか逃れようとしました。すると、跳ね上がった左足のヒザが、増田さんの腹を直撃。

「おとなしくしろ！」

激怒した増田さんは、私をムリヤリ四つん這いの格好にさせて、勢いよくお尻を叩きました。子供をお仕置きするかのように、何度も何度も叩きます。

「痛い！　痛い！」

最初こそ大きな声を上げましたが、五発目あたりからだんだんと鈍い痛みに変わり、それとともに私は声を出せなくなってしまいます。

増田さんは、私の尻を散々スパンキングしたあとで、今度はオマ〇コに指を突き入れてきました。

「ひぃぃ！　乱暴にしないで、痛い！」

オマ○コはまったく濡れていませんでしたから、強引な指入れは苦痛でした。また、お尻はヒリヒリとした感覚に襲われています。しかし増田さんの責めはいっこうにおさまる気配はありません。

そのうち、オマ○コからクチュクチュといやらしい音が立ち始めました。愛液の雫がオマ○コ内からこぼれ落ちた感覚があり、私は身をよじって下半身全体を左右に動かしました。必死の抵抗です。

「オマ○コから、指を抜いてください……」

私は同時に懇願します。するとどうでしょう、膣内が圧迫された感覚が急になくなりました。増田さんの指が抜き取られたのです。しかし、やっと終わったと思ったのもつかの間、つぎにお尻の穴に違和感が走ります。

信じられないことに、私の肛門に指が刺し込まれようとしていました。私はさっきよりも激しく下半身を左右に揺り動かしました。

「お尻、イヤです！　そんなとこ刺激するなんてやめて！」

「なにいってるんだ、理沙子。今日はマ○コには挿入はしないけど、その代わりにアナルをいただくよ。最初からそのつもりだったんだ。マ○コと違ってアナルは不貞じゃないからな。婚約者の彼も許してくれるさ」

増田さんが、最初にオマ○コを指でかきまわしたのは、愛液を出すためでした。肛門に愛液を塗って、潤滑油にするためだったのです。

悪いことに、その潤滑油がうまく働き、指が徐々に肛門のなかに入っていきます。肛門のなかに異物を入れられた経験などまったくなかった私は、不安と恐怖心から下半身が硬直して動きません。

「ああ、怖い！　もうその先には入れないで！」

「安心しなさい。お父さんがうまくやってあげるから。見たところお尻はまだ処女だな。怖がらなくても平気さ。チ○ポよりも、もっと太いものが出てくるんじゃないか！」

下品な言い方をされて、嫌悪感が全身に走ります。それに加えて、増田さんが肛門にオチ○ポを挿入しようとしていることを知り悲鳴をあげました。

「お尻の穴にオチ○ポなんてムリです！　穴が広がっちゃう！」

しかし、直腸への指のピストンはさらに激しくなります。ときどき増田さんは、指を肛門から抜いて、自分のツバでヌルヌルにしてからまた突き刺します。

徐々に直腸が広がり、ツバと愛液が混じり合った汁で内部も濡れてきていました。

「さあ、もういい頃合いだ。力を抜きなさい」

そういうと増田さんは肛門にオチ○ポをあてがいました。

「やめて！　ムリムリ！　ムリです！」

私は激しく抵抗して腰を動かして逃げようとしました。しかし、また押さえ付けられて、尻へのスパンキングです。

「ああ！　痛い！」

「大丈夫だよ、理沙子。お前のアナルはもう準備できてるから、ぜんぜん痛くないさ。よっし、ほれ！」

そしてオチ○ポの先が肛門に入り込んできました。これまでに感じたことがない感覚です。オチ○ポはさらに奥へと進んでいきます。

「いやだぁ！　動かないで。すごくヘンな感じなんです。それに入口のほうが痛いの」

私の悲鳴を聞いた増田さんは、指を膣内に刺し込んだうえで、直腸内部のオチ○ポを奥へと突き入れました。

「ううう……もうダメです。お尻が壊れるう……うあああ！」

オチ〇ポが根元まで挿入された瞬間、私はひときわ大きな悲鳴をあげました。直腸内に鈍痛が走ります。私はなんとか逃れようとして、下半身を動かしますが、少しでも動かすと直腸内の圧迫感が増してきて気絶しそうになり、動くことができません。

「なんだ、意外とすんなり入ったじゃないか。まさかアナル経験者じゃないだろうね。でも、この締まりは処女かな。もしもアナル経験者なら、お父さんは婚約者の彼に申し訳がたたないよ」

最初はゆっくりとした抜き差しでしたが、だんだんと出し入れの速さが増していきました。増田さんは、完全にオチ〇ポを抜き出してぽっかりと広がった、肛門の穴を嬉しそうに確認しては、また刺し込む。そんなことを繰り返しています。

ときどき、ぽっかりと広がった直腸に、ツバを吐き出し、潤滑油を足したあとでまたオチ〇ポを挿入します。

私は、アナル処女を犯された屈辱感でいっぱいでした。だから、お尻の穴を何度ピストンされても快感はありません。ところが、約五分後くらいから、むず痒いような切ないような不思議な感覚が肛門に走りました。

「お尻がヘンな感じ！　お尻の穴がヘンな感じなの！」

たまらず叫んでいました。

「おいおい、マ○コがビッショリだ。アナルを犯されて、こんなすぐ感じるなんてちょっとびっくりだな。理沙子、素質あるぞ」

なんの素質なのかはともかく、直腸の鈍痛はなくなり、ゆっくりとしたスピードで下半身全体に快感が広がっていく感覚がありました。

「お父さん、そろそろ出したいなあ。中に出しても妊娠しないから安心だ。それよりも理沙子のおっぱい見ながら射精したいから……ほら、今度は正常位だ」

増田さんは、そういうと私を仰向けに寝転がらせて正常位でアナルにオチ○ポを突き刺しました。最初とは違い、すんなりと奥深くまで入り込みます。バックのときとはまた違った感触を感じます。

増田さんは、私のウエストのあたりを両手でつかんで腰をさらに引き寄せ、激しいピストンを繰り返しました。

「もういやだ……お尻ガバガバになっちゃった……」

本気でやめて欲しい気持ち半分、あきらめ半分でした。増田さんは、私のバストが揺れるのを満足気に眺めながら、何度も出し入れをした後、根元までオチ○ポを挿入した姿勢で動きをとめました。

「あああ！　お尻が熱い！　出てる、精液が出てる……」

私は思わず口走っていました。オチ○ポが何度かビクビクと動きながら精液を排出するのに合わせて、直腸が脈動しました。

「理沙子、すごく良かったよ。最初は少し痛みがあったけど、最後は気持ち良かったんだろう？」

私は恥ずかしさから否定も肯定もしませんでした。

「増田さん、お尻からオチ○ポ抜いて下さい」

顔を背けながら、お願いした私でしたが、下半身のほうを見ると、もうすでにオチ○ポは抜かれていました。

「二、三日はお尻に異物が入ってる感覚があるかもしれないな。でも安心しなさい。結婚式までには元の感じに戻るから」

そう言った増田さんは、私の肛門をまじまじと眺めていました。

「キレイに整ってたシワがビロビロだ……でも喜びなさい、理沙子。お前はアナルイキする素質あるから」

私は、ひと仕事終えたかのような疲労感と脱力感で、言葉を発することができません。やがて増田さんは私の部屋を出て行きます。私は、しばらく呆然としたあとでやっと起き上がり、服を着替えて母親の帰りを待ちました。服を着る直前に、お尻の穴に指で触れてみると、やはり広がっているようでした。

それから、約一時間後、母親が帰宅しました。私は部屋から出て、玄関で出迎えます。「増田さん、待ってるわよ」そういって、いっしょに応接室に入っていきました。

「増田さんて？　なんであの人が？」

母親はそう言いながら私の顔を見ます。応接室に増田さんはいませんでした。ふたたび玄関に戻り、確認したのですが、増田さんの靴もありません。どうやら私の部屋を出てすぐに帰ってしまったようでした。

「お母さんが増田さんを呼んだんじゃなかったの？」

呆然とした私は母にたずねました。

「なに言ってるの理沙子。お前にこの前叱られたから、勝手にそんなことしませんよ。今度会うのは結婚式当日よ。増田さん来てたの？　いつ？」

「うん……。二時間くらい前かな。応接室で待ってもらってたんだけど……」

「なんか話があったんじゃないの？　それにお茶も出さないで、なんですか！　で、あんたは自分の部屋にいたの？」

増田さんは、最初から私を狙って来たのです。もしも母が家にいたら、私を襲うことはなかったでしょう。

「あんた、増田さんを快く思ってなかったものね。二時間も放っておかれたら帰るわよ。きちんとお相手してさし上げないと……。いいわ、あとでお母さんが電話してみるわ」

私は能天気に話す母に、調子が狂ってしまい、増田さんに襲われたことを結局言い出せませんでした。

そして結婚式の当日がやってきました。増田さんは完璧な〝花嫁の父親〟役を演じてくれました。外国で調理師として働いている話をスピーチに盛り込み、最後には感情が込み上げて涙まで浮かべる始末です。それを見た母親も嬉し泣きしていました。

複雑な思いだった私ですら、もしも父親が生きていたら、こんな感じなのかもしれないと思ったほどです。結婚式はとても盛り上がり、母親は心底喜んでいるようでした。お色直しのとき、結婚式が続いているにもかかわらず、心配で控え室に様子を見に来た母親と少し話す機会がありました。

「お父さん、うまくやってくれたわね」

開口一番、母は私にいいます。〝お父さん〟といったのは式場のスタッフが控え室にいたためでしょう。しかし、そのあとは、ほかの人間に聞こえないよう耳元で囁いてきました。

「増田さんね、奥さんと仲が悪くて離婚寸前なんですって。近々、お父さんの死亡届を出して、お母さんも次の幸せ見つける番かなって。結婚式見てて、そう思ったの」

私は、絶句してしまい言葉が出ませんでした。私は結婚して自宅を出ますから、あとは母親の自由にしていいと思います。でも、この前アナルを犯されたことがどうしても引っかかってしまいます。

アナルを犯されたことは、もう私の胸のなかにしまっておかなくてはいけないと思いました。しかし、増田さんの痕跡が残るアナルを、このままずっと放置したくありません。いずれは夫に私のアナルを使ってもらい、夫のオチ〇ポのかたちを刻み込んで欲しい。そんなふうに思っていました。

●洗濯物から出てきたハメ撮り写真で知ったご近所奥様の隠れ被虐性癖

匂いフェチ洗濯屋が遭遇した驚愕の性癖を持つ美人妻

【告白者】青木健壱（仮名）／58歳（投稿当時）／クリーニング店経営

この街で個人クリーニングを営んで三十年になります。

チェーン店が主流の昨今、老舗洗濯屋としてやってこられたのは、ご贔屓のお客様を抱えていたからです。私は高校卒業後、某一流ホテルに就職してランドリーサービスに携わっておりました。結婚を機に独立して自分の店を持ったのですが、ホテル時代からのお客様のおかげでずいぶんと繁盛させていただいたものです。

妻とは二年前に死に別れました。一時は意気消沈して店を畳むことも考えましたが、長年連れ添った妻との思い出は捨てがたく、現在では宅配クリーニング専門店としてなんとか糊口をしのいでいます。

実を言うと、私がクリーニング業に就いたのには理由があります。私は若い頃から「下着フェチ」だったのです。私が就職したホテルのランドリーサービスでは下着の洗濯も取り扱っていましたから、私にとってはまさに天国。趣味と実益を兼ねたような職場でした。なにせ高級ホテルでしたから、宿泊客の多くは裕福な方です。クリーニングに出されるパンティもブランド物ばかりで、私は洗濯前の股布にこってりとこびり付いたおりものや愛液の匂いを嗅いでうっとりしていたものでした。独立開業してからはクリーニング師の免許を活かし、保健所の許可も得て下着のクリーニングも請け負っていました。洗濯代行業に切り替えた今では、昔からのお得意様ばかりでなく、地域密着店としてご近所の奥様方との外交にも積極的に励んでいます。

前置きはこれぐらいにして、私の不倫体験をお聞かせいたしましょう。

その奥様と出会ったのは、三ヶ月前のことです。彼女は旦那さんの転勤でご近所に引っ越してきて、すぐにお得意様になってくださいました。お洗濯は不得手らしく、お召し物はご家族の分はもちろん、ご自身の寝間着や下着までクリーニング屋に出す始末。旦那さんが高給取りらしく、この辺りでも指折りの高級住宅地にお住まいなのですが、彼女自身もきっとお嬢様育ちなのでしょう。

彼女は年の頃なら30前後。色白の細面で、涼しげな目もとや肉感的な唇が亡き妻の面影を彷彿させます。私はその日の集配を終えて店に戻ると、奥様が出した洗濯物を真っ先に仕分けします。彼女の下着は、瀟洒なフリルをあしらえたネグリジェや派手なレースのパンティなどカラフルな配色でシルクの高級品がほとんどです。中には茶褐色の染みが薄っすらと付着していることもあり、私はその部分に鼻を押し付け、クンクンと嗅ぐのが日課となりました。

股布が放つチーズ臭を吸い込んでいると、亡き妻の面影が脳裏に浮かびます。私は彼女の下着の匂いを嗅ぎ、至福の時間を過ごすのが楽しみでたまりませんでした。

そんなある夏の夜のこと。

その日は季節の変わり目で特に忙しく、私は珍しく店を閉めてからも深夜近くまで残業してアイロンがけをしていました。

そのとき、店の扉をノックする音がしました。時刻は夜中の十一時を回っています。私は不審に思いながら、作業場を出ました。

「夜分遅くにすいません」

その声は。紛れもなくあの奥様のものでした。

私は大慌てでカギを外し、扉を開けました。そこにはワンピース姿の奥様が申し訳なさそうな顔で佇んでいました。

「あのう、実は……」

「どうしました？　何かお洗濯物に不始末がございましたでしょうか」

「いえ、そうではないんですが……」

彼女は恥ずかしそうに俯き、消え入りそうな声で言いました。

「昼間出した洗濯物の中に何か混じってなかったでしょうか？」

「何かと言いますと」

「ええと、それは……」

仕分けの時にポケットの中身などを確認します。そういえば、奥様のジャケットに何だか紙包みが入っていたのを思い出しました。

「ああ、あれかな。そう言えば紙包みが……」

「そ、そう。それ、それですわ」

奥様は顔を真っ赤にしていました。

「それでしたら、確かにお預かりしております。いまお持ちいたしますね」

私は明日の配達の時に手渡そうと思っていました。しかし、こんな夜遅くに取りに来るとはよほどの貴重品に違いありません。

そう思った私は大急ぎで預かっていた場所から取り出しました。

「こちらです。よほど大事なお品物なんですね」

私がほんの愛想のつもりで言うと、彼女は困惑した表情を浮かべました。

「中身を……見たんですか」

「いえ、見ていませんよ」

しかし、彼女はなかなか信用してくれません。

「見たんでしょ、だからそんなことおっしゃるんだわ」

「どうか勘違いなさらずに……」

「いいんです。ポケットから出し忘れた私が悪かったんですから」

慌てて私の手から紙包みをひったくろうとした瞬間、彼女は勢い余って中身を床にバラバラとぶちまけてしまいました。

「あっ！」

それはプリント写真でした。それもただの写真ではありません。そこには彼女が裸で縄に縛られ、猿轡を嚙まされて天井から吊られているあられもない姿が写っていたのです。蝋燭を手にしている男は、彼女の旦那とは別人でした。

「いやぁ、どうしよう……」

私は床に落ちた写真の一枚を拾い上げました。その写真には、彼女が複数の男たちに辱めを受けている肉便器姿が収められていました。

「奥さん、お淑やかそうな顔して、こんな趣味をお持ちだったんですね」

「お願い、このことは内緒にしておいて」

彼女はそう言って、拾い集めた写真をハンドバックにしまい込みました。

「もちろんです。顧客のプライバシーは保護しますよ。その代わり……」

飛んで火に入る夏の虫とはまさにこのこと。私とってはまたとないチャンスです
「そ、その代わり……?」

「わかるでしょう、妻を亡くしてからずいぶんご無沙汰なんです。こんなエロ写真を見せられたら久しぶりに疼いてきましたね。奥さんのオマ〇コ、この私にも使わせてくれませんか」

「うう……いいわ、内緒にすると約束してくださるなら」

彼女は私のズボンのチャックを開け、中から勃起したイチモツを取り出しました。

そして、肉胴に手を添えると、いやらしい笑みを浮かべて舌を伸ばしてきます。

ぴちゃ、ぴちゃ……反り返った茎裏までなぞられて、思わず悶絶してしまいました。

薄い明かりの中に浮かび上がる端正な面立ち。赤く小さな唇から伸びる厚ぼったい舌が私の醜い部分をなぞっていきます。そして、舌先がカリの括れを擦るようになぞると、彼女は大きく口を広げ、奥まで男根を飲み込みました。

「おお、奥さんの喉マ○コ、すごい締め付けだ」

奥様は唾を滲ませ、首を振り、頭を前後させます。ぐちゅぐちゅと湿った音が響き、舌が滑らかに絡みついてきます。

私は我慢できずに奥様の頭を押さえつけました。そして腰を振り、荒々しい抽挿を繰り返します。彼女は厭うことなく内頬の粘膜でイチモツを包み込んできます。

「あはぁ……我慢できなくなってきちゃった」

やはり見かけによらず淫乱なのでしょう。切ない声でハメねだりをしてきた彼女。私はワンピースのスカートを捲り上げ、パンティを脱ぎ取りました。そして、露わになった白い尻に漲るマラ先をあてがいました。

「あ、そこは……」

「いいでしょう、どうせ公衆便所マ○コじゃありませんか」

「う、うう……」

奥様は瞳を閉じ、眉根に皺を寄せて肉穴に侵入する男根に酔い痴れています。私も彼女の膣のぬめぬめした感触にとろけてしまいそうでした。生温い肉壷はうねうねと蠢いて、私を奥へ奥へと誘います。私は下から腰を勢いよく突き上げ、子宮の入り口まで一気通貫してやりました。

「ああん……いいわ」

喘ぎ声が店内に響きます。彼女の手を受け渡しのカウンターに置き、立ちバックで激しいピストンを浴びせてやります。

「あはぁん、すごい、気持ちいい……イク、イキそうだわ」

彼女は膝をガクガクと震わせ、もう立ってもいられない状態です。それを見た私は彼女の尻肉を掴み、ピストンにさらに力を込めました。

「だめぇ、イクぅ、イッちゃううぅっ！」

「おお、こっちもイキそうだよ」

私はオマ○コから肉棒を引っこ抜くと、彼女の豊満な牝尻めがけて大量のスペルマをぶちまけたのです。

それからというもの、私は宅配クリーニングの御用聞きにかこつけて、奥様の家を頻繁に訪問するようになりました。写真で見た彼女の縄化粧……あの媚態がどうしても目に焼き付いて、頭から離れませんでした。

（自分も彼女をあんな風に辱めてみたい）

私はホームセンターでアイマスクとおもちゃの手錠、それにロープを購入すると、旦那の留守を見計らって奥様の自宅を訪れたのです。

奥様は素直に拘束プレイを受け入れました。内心、彼女も期待していたのでしょう。アイマスクをされ、視覚を閉ざされた状態のまま、後ろ手で手錠に繋がれます。

両手の自由を奪い、無防備になった肢体をねちねちと弄ってやりました。腰から尻、そして太腿、さらに上部へ……。パンティの上からワレメをなぞり、軽く指を押し込んでやると、彼女は悩ましく身を捩って、微かに息を荒げました。

「奥さん、オマ○コが湿っていますよ。このパンティもクリーニングに出さないといけませんね。染みがこびりついたら、黄ばんで後処理が大変だ」

「そんな汚れものみたいに扱っちゃイヤ……濡れてなんていません」

「強がりを言ってもプロの目はごまかせませんよ。なら、確かめてみましょうか」

「くっ……」

パンティの裾から指を忍ばせ、肉裂に直で触れました。ぬるりとした感触が指先にまとわりついてきます。私は指を抜き、彼女に見せ付けてやりました。

「やっぱりこんなにぐしょ濡れになっている、ドライマークとは無縁のスケベマ〇コですね。こいつはシミ抜き加工も必要だな」

奥様の顔面はもう真っ赤です。股布にジュワッと浮かび上がった淫染みがみるみる広がっていきます。ごまかそうとしても、欲情しているのはバレバレでした。

「正直なオマ〇コだ。不倫相手の躾の賜物かな」

「あああん、恥ずかしい」

「ほらほら、下着が濡れたままじゃ、オマ〇コが風邪をひきますよ」

私はスカートを捲り上げ、パンティをずりおろしました。そして、恥垢がこびり付いた部分を鼻に押し付けて匂いを嗅ぎました。スーハー、スーハー。香しい香りが鼻腔に広がり、肉棒が痛いほど膨張してズキズキしています。

欲情した私は、奥様の内股に指を這わせました。肉襞を掻き分けて中心部へ。彼女はピクンと身を震わせて、甘ったるい声を漏らします。

「いや、あああんっ」

「オマ○コからくちゅくちゅと音がしていますよ。ほら、聞こえるでしょう?」

わざと音を大きくなるように、指先のストロークを速めました。アイマスクで視界を遮断されているだけに、倍音が彼女の羞恥心を増幅します。

「あう……あああ、あああ……ん」

「いっぱいお漏らしして、恥ずかしいオマ○コですね。手錠だけでこんなに発情するなんて、緊縛されたらどうなってしまうのかな」

「う、うう……」

早速、手錠を解き、全裸にして後ろ手になるように命じました。その手首をロープで縛り、乳房の上下にロープを回してきつく縛り上げました。緊縛された奥様の胸はこんもりと盛り上がり、先端はロケットのように尖っています。

「おや、奥さん、おっぱいを縛っただけで乳首がビンビンじゃないですか」

辱めながら乳頭を指先で弾き、手のひらで転がしてやりました。

「はああ……あん」

「スケベだなあ。こっちもさぞかしビンビンなんでしょうね」

乳首を弄りながら、もう片方の手でふやけた膣弁を触診してやりました。肥大した陰核のぷにぷにした感触が指先に伝わります。

「やはり思った通りだ、クリも勃起しまくりじゃないですか」

「あふ……ん、そんなに見ないで、恥ずかしいわ」

私は床に落ちていた彼女のパンティを拾い上げ、もう一度顔を埋めました。ツンと鼻をつく牝の匂いが催淫剤のように脳裏を刺激します。そうしている間も反対の手は休むことなく恥芽をこねくり回します。私の陰茎もすでにギンギンでした。

「奥さん、チ○ポをしごいてくださいよ」

彼女はコクリと頷くと、言われるがまま私の肉棒に手を伸ばして撫で回しました。お上品な顔にも似合わず、かなり大胆です。

「さすが、新天地に来てすぐに不倫チ○ポを引きずり込んだタマだけのことはある。マラ捌きもなかなか堂に入ったものですね」

「もう……いやだわ、意地悪」

彼女は顔を赤らめて、イチモツをつねるようにキュッと握り締めました。ペニスをしごかれながら女物パンティの匂いを嗅ぐ私の姿は、傍から見たら変態以外の何者でもなかったに違いありません。

私もお返しとばかりに、クリを弄る指先に力を込めてやりました。

「あああんっ」

奥様は膝を震わせると、ガクンッとその場に崩れ落ちました。どうやら、不覚にも軽イキしてしまったようです。

「身勝手にイクなんて、まったくマゾの風上にも置けない女だなあ」

パチンッ！　私は尻をひっぱたきました。妻とはこんなプレイをしたことはありません。しかし、なぜか彼女の前ではどこまでもサディスティックになれるのです。

「ひゃうっ、ご、ごめんなさい、許してぇ」

涙目で訴える彼女になおも容赦なくスパンキングを浴びせました。ビタンッ、ビタビタビタビタッ！　さっきよりも勢いよく連打してやります。女尻はみるみる真っ赤に腫れて熱を帯びました。彼女は息も絶え絶えに、ハァハァと喘いでいました。

ふと見ると、オマ〇コからは愛液が溢れ、内腿までツツーッと垂れ落ちていました。

スパンキングで発情するとは、やはりとんでもない被虐体質です。

「奥さん、そろそろチ〇ポが欲しくなってきたんじゃないですか？」

チ〇ポ、の言葉に彼女がピクリと反応しました。

「欲しいなら、それなりのおねだりの仕方があるでしょう」

「お、オチ○ポ……私のはしたない淫乱マ○コにどうぞ恵んで……ください」

「ちゃんと言えるじゃないですか。じゃあ、お望み通り差し上げます」

私は彼女を四つん這いにすると、陰毛までベトベトになったオマ○コにイチモツをあてがい、腰を突き出しました。肉の沼に男根がズブズブと沈んでいきます。

にちゃ、ねちゃ……肉棒抽挿に呼応して、膣穴が卑猥な音を奏でます。ゆっくりと出入りする分身に牝襞が絡み付いてきます。いえ、絡み付くというよりも吸い付いてくるような生々しい感触です。

「いいっ、いい……すごいっ、硬いわ……ああっ、ああんっ」

奥様は裸体をくねらせて悶絶しています。その痴態を眺めているうちに、先日見た彼女のハメ撮り写真が脳裏に浮かんできました。

パンッ、パンパンパンッ、パンパンッ！

私はまたも彼女のヒップを力まかせに打ちのめしました。そして、尻肉を鷲掴みにするとさらに膣奥まで肉ドリルをガンガン打ち込みました。

「ああっ、もっと、もっと突いてぇ」

　彼女は悩ましく顔を歪め、はしたなくよがり狂います。私はさらに彼女を追い込みました。パンパンパンパンッ。頭にはまだあのハメ撮り写真がチラついていました。と、そのとき――不意に、写真の彼女に亡き妻の顔が重なりました。今や、不倫男に緊縛され、輪姦されているのは彼女ではなく、妻でした。

「あおおっ、お、奥さん……い、イク」

「きてぇ、オマ〇コにいっぱい出してぇ、今日は大丈夫なのよ」

　ドクッ、ドクドクドク……その声を聞いた瞬間、奥様の中で私の肉棒が弾けました。同時に、彼女もアクメに達したようでした。肌は上気してほんのりと薄桃色に染まり、なんとも言えない色香を放っています。緊縛をほどいてやると、乳房の周囲には赤い縄目が刻まれていて、それがまた艶めかしさを際立たせています。ベッドでぐったりと横たわる彼女は、いつか見たあの写真の痴態そのままでした。

「すごい……いっぱい出してくれて嬉しい」

　奥様はそう言って下腹部を弄りました。私の放出した白濁精液が溢れ出してきて、ドロリと尻穴まで垂れ落ちます。彼女はもったいないとばかりにそれを指ですくうと、口に運んでペロリと舐め、うっとりした笑顔を見せてくれたのでした。

不倫手記
本能のまま滴り落ちる女たちの愛欲のヌメリ

２０２４年２月２６日　初版第一刷発行

発行所　株式会社　竹書房
〒102-0075　東京都千代田区三番町8-1
三番町東急ビル6Ｆ
Email: info@takeshobo.co.jp
ホームページ：https://www.takeshobo.co.jp
印刷所　中央精版印刷株式会社
デザイン　森川太郎
本文組版　有限会社　マガジンオフィス